I0815657

GASLIGHTING

HÉLÈNE FRAPPAT

GASLIGHTING

O el arte de enmudecer a las mujeres

Traducción de Alicia Martorell

PAIDÓS Contextos

Obra editada en colaboración con Editorial Planeta - España

Título original: *Le gaslighting. Ou l'art de faire taire les femmes*, de Hélène Frappat

Fotocomposición: Realización Planeta

Bajo el sello editorial PAIDÓS M.R.
Avenida Presidente Masarik núm. 111,
Piso 2, Polanco V Sección, Miguel Hidalgo
C.P. 11560, Ciudad de México
www.planetadelibros.com.mx
www.paidos.com.mx

Primera edición impresa en España: febrero de 2025
ISBN: 978-84-493-4336-0

Primera edición impresa en México: mayo de 2025
ISBN: 978-607-569-981-3

Impreso en los talleres de Impregráfica Digital , S.A. de C.V.
Av. Coyoacán 100-D, Valle Norte, Benito Juárez
Ciudad de México, C.P. 03103
Impreso en México - *Printed in Mexico*

No tengo voz.

Luz que agoniza (Gaslight), GEORGE CUKOR*

* En España se estrenaron en la década de 1940 dos películas tituladas en inglés *Gaslight.* La primera, la de Thorold Dikinson, se estrenó en 1940 con el título *Luz de gas*. Cuando se estrenó en 1944 la de George Cukor, a la que se refiere este libro, la distribuidora debió elegir un título diferente, como era usual en la época, y la tituló *Luz que agoniza*. No obstante, y dado que el concepto ha pasado al castellano como *luz de gas,* nos referiremos a la película de Cukor con este título a lo largo del libro, a pesar de que no es el título real con el que se estrenó. Hacemos una excepción en esta primera mención. [*N. de la t.*]

SUMARIO

Acto 2
ESCUCHAR A HELENA

Acto 3
CREER A CASANDRA

Acto 4
REÍR CON ANTÍGONA

La mujer desvanecida

¿Cómo viviríamos si nos indignásemos por todo, si no dejáramos pasar sensatamente estas palabras insignificantes y anodinas, si armáramos un escándalo por tan poco, por menos que nada?

NATHALIE SARRAUTE, *L'usage de la parole*

Esta es la historia de una mujer desvanecida. En la novena edición del diccionario de la Academia Francesa se ilustra el adjetivo *evaporé* ['desvanecido'] con el ejemplo imperativo siguiente: «No finjas que te desvaneces».[1] Aquí no nos estamos refiriendo a nada parecido.

La mujer desvanecida de este libro no está fingiendo nada. Está desvanecida, pero se trata de un desvanecimiento transitivo: *alguien la ha desvanecido.* ¿Cómo? ¿Quién ha sido? ¿Por qué? ¿Qué es lo que se ha desvanecido en ella? ¿Su razón? ¿Su inteligencia? ¿Su facultad de hablar? ¿Su credibilidad? ¿Su salud? ¿Su cuerpo? ¿Su realidad? ¿Su libertad? ¿Su existencia?

Privada de razón, de inteligencia, de credibilidad, de salud mental (está loca), de salud física (tiene vahídos), corresponde exactamente al retrato de la mujer desvanecida: «Persona aturdida, que actúa con excesiva ligereza, que pierde tiempo en frivolidades».[2] ¿Por qué le hemos querido consagrar un libro?

Porque me gustan las novelas policíacas. Este libro se propone resolver un enigma: ¿quién intenta cometer el *crimen* que no consiste en describir a las mujeres como un rebaño de descerebradas, sino pura y simplemente en hacerlas desaparecer? Quizá sea un crimen contra la gramática (*desvanecer a alguien* es un neologismo), pero eso es exactamente lo que sucede.

¡Puf!

Este es el ruido ligerísimo que hacen las mujeres cuando se desvanecen. Casi el silencio. Este ensayo en forma de investigación subirá el volumen.

CAPÍTULO 1

Una película

Desvanecimiento es una transposición de la palabra inglesa *gaslighting,** es decir, 'hacer luz de gas'. Es una transposición que deja un amplio margen de interpretación. Cuando se me ocurrió escribir este libro, el término era tan poco conocido en Francia que parecía imposible titularlo así. Incluso los cinéfilos más aguerridos ignoraban que el título de una película dirigida en 1944 por George Cukor había dado lugar a una expresión en Estados Unidos. Desde que la descubrí, *Gaslight*, la obra maestra de George Cukor, me obsesiona. De hecho, su título en francés, *Hantise* ['obsesión'] describe perfectamente el efecto de esta obra espectral sobre el público.

Estamos en una plaza londinense como suelen imaginarlas en Hollywood: niebla, la luz vacilante de las farolas, atrios con columnas, escaleras que llevan a interiores asfixiantes atestados de cachivaches y de maderas oscuras. Una mujer está recluida en una enorme mansión victoriana. Sus movimientos febriles (comprobar la luz de las lámparas de gas, escudriñar su reflejo en el espejo del dormi-

* La autora adapta al francés las palabras anglosajonas *gaslight, gaslighting, gaslighter, gaslighted*, a modo de propuesta de naturalización de ese extranjerismo. En español queda un poco más forzado, por lo que no hemos seguido su propuesta. En esta traducción alternamos los términos ingleses con equivalentes parciales en castellano, en función de cada contexto. [*N. de la t.*]

torio, aferrarse a la barandilla al subir las escaleras, sobresaltarse cuando mira hacia el desván, descorrer febrilmente las cortinas para asomarse a la ventana) hacen pensar que sueña con escapar.

¿Por qué en su suntuosa prisión doméstica, cuya puerta parece *abierta* (el servicio y un marido de presencia intermitente entran y salen libremente), está condenada a moverse en círculos, ensayando sin cesar una evasión misteriosamente imposible? La cautiva tiene las emociones a flor de piel y la silueta altiva de Ingrid Bergman. Pálida, nerviosa, sobresaltada al menor ruido, agotada, encorvada, melancólica, tiene miedo... ¿De qué?

En 1944, George Cukor acuñó un término para el miedo de su protagonista. Paula está preocupada por la luz de gas que, en su casa tan lúgubre, baja sin motivo aparente. ¿Por qué la luz de las lámparas parpadea? Cuanto más baja la luz de su *casa,* más se oscurece su *razón.* ¿Está loca porque escucha pasos que resuenan por la noche en el desván vacío? ¿Su mente se está desvaneciendo, es decir, se está volviendo loca? ¿Está enferma la protagonista de *Luz de gas*?

«He venido observando, Paula, que eres muy olvidadiza... Pierdes las cosas, te olvidas de... Vamos, no te preocupes, no es nada. El cansancio... Te haces más suspicaz a medida que pierdes la memoria, Paula. ¿Por qué haces estas cosas?»[1, *]

En la película de George Cukor, «hacer luz de gas» es la forma de aludir a una maquinación. La joven huérfana, interpretada por Ingrid Bergman, sobrina de una riquísima cantante que fue asesinada, conoce «por casualidad» a un hombre seductor. Se casa con él sin saber que Gregory, mayor que ella, ya casado, ha asesinado a su tía para quedarse con sus joyas. La convence para que se mude a la siniestra mansión londinense que ha heredado de su tía, donde

* Salvo en los casos en los que ha sido imposible por problemas de encaje o de correspondencia imperfecta, todos los diálogos de la película corresponden a la versión doblada del estreno. [*N. de la t.*]

la aísla y la manipula para convencerla de que está loca. Le regala un broche y se lo quita sin que se dé cuenta para hacerle creer que pierde y olvida todo. Cada noche, registra el desván buscando el tesoro de su víctima anterior.

El título, *Luz de gas*, se refiere a las lámparas de gas cuya intensidad baja el esposo diabólico, *aunque niega que lo hace*, para crear dudas y terror en la mente de su víctima y, literalmente, apagar su razón. Cuanto más sádicamente manipula a su víctima, más le hace creer que es *él* la víctima de la enfermedad mental de una mujer con la que en realidad se ha casado con el objetivo de quitárselo todo.

«Me preocupa verte enferma... Todos tus miedos vuelven... Si tienes miedo no podemos ser felices...»

El hombre manipula simultáneamente la luz de gas y la mente de su esposa. Al bajar la intensidad de las lámparas, está minando la confianza de la mujer en su salud mental. Cuanto más se sumerge la casa en la oscuridad, más le cuesta a ella distinguir lo verdadero de lo falso, más duda de la realidad y de ella misma. Cuanto más finge *creerle* el monstruoso marido, menos *creíble* se considera la mujer.

Poco a poco, la muchacha, cantante aficionada que sueña con seguir los pasos de su tía, pierde la voz. No solo interrumpe su carrera, sino que se apaga su timbre, como la luz de la casa, hasta el punto de que acaba expresándose con monosílabos, susurrando, callando. ¿Cómo va a seguir cantando, hablando, viviendo?

—¿Qué le pasa a la señora? —pregunta la doncella de Paula a la cocinera—. No está enferma, ¿verdad?

—No lo sé. Yo creo que no —responde la cocinera—. Pero el señor se empeña en decir que sí.

CAPÍTULO 2

Una palabra

En 2002, el diccionario estadounidense en línea Merriam-Webster eligió *gaslighting* como palabra del año. Cuando descubrí que «había surgido como una palabra que define nuestra época» llevaba varios años intuyendo las implicaciones filosóficas de la expresión creada en Hollywood. Así funciona el genio del idioma en Estados Unidos: el cine, en lugar de ilustrar los cambios de la sociedad, al nombrarlos, los *anticipa.*

Corría el año 1944 cuando George Cukor, judío de origen húngaro nacido en Nueva York en 1899, filmó en la cara de Ingrid Bergman el terror en el que la encierra su matrimonio, una persecución que recibe el nombre de *Gaslight*, 'luz de gas'. Entre 1944 y 2022, dos etapas principales condujeron a la consagración de *gaslighting* como palabra clave de nuestra época, cuyo uso se empieza a popularizar incluso fuera de la cultura estadounidense.

El Merriam-Webster justifica su elección de la siguiente manera:

> En este periodo de desinformación, de *fake news*, conspiracionismo, *trolls* en Twitter y *deepfakes*, *gaslighting* emerge como la palabra que define nuestra época. Vehículo de la duda y la desconfianza, *gaslighting* se define como «el acto o práctica de engañar burdamente a alguien, en especial para obtener un beneficio personal». En 2022, las

búsquedas en internet de la palabra *gaslighting* aumentaron un 1740 % y fueron objeto de un interés apasionado durante todo el año. Sus orígenes son pintorescos: la palabra viene de una obra de teatro de 1938 y de la película adaptada a partir de esta obra, cuya intriga relata las maniobras de un hombre para convencer a su mujer de que está loca. Sus misteriosas actividades en el desván hacen que baje la luz de las lámparas de gas, pero él insiste una y otra vez en que la luz no baja y que su mujer no puede confiar ni siquiera en sus sentidos. La primera vez que se utiliza la palabra *gaslighting* en los años cincuenta se refiere a un género de engaño similar al de la película. Esta es nuestra definición: manipulación psicológica de una persona, en general durante un periodo prolongado, que lleva a la víctima a cuestionar la validez de sus pensamientos, la forma en que percibe la realidad y sus recuerdos para llevarla a un estado general de confusión, pérdida de confianza y autoestima, a dudar de su propia estabilidad emocional o mental y a depender plenamente de su verdugo. Recientemente, hemos comprobado que el significado de *gaslighting* también se refiere a un fenómeno más sencillo y más amplio: «El acto o la práctica que consiste en engañar burdamente a alguien, en especial para obtener un beneficio personal». En este uso, la palabra convive con otras que aluden a formas modernas de engaño y manipulación, como *fake news, deepfake* o inteligencia artificial. La idea de una conspiración deliberadamente dirigida a engañar ha consagrado la utilidad de esta palabra para describir mentiras que forman parte de un esquema más amplio. A diferencia de la *mentira*, que suele practicarse entre individuos, y de la *estafa*, que tiende a implicar organizaciones, el *gaslighting* se aplica a un contexto tanto personal como político. Su uso es formal y técnico, pero también desenfadado [...]. Hay muchas formas diferentes de aludir a la mentira: desde términos neutros como *falsedad* o *engaño* hasta el más directo *deshonestidad* o eufemismos como *ocultación* o *invención*, pasando por términos aparentemente más inofensivos, como *embuste.* La guerra fría nos trajo también *desinformación*, que tiene un regusto de espionaje. En estos últimos años, con la

> multiplicación de los canales de comunicación y las tecnologías utilizadas para manipular, *gaslighting* se ha convertido en la palabra favorita en Estados Unidos para describir cómo se percibe un engaño. Por eso pensamos que se ha ganado el título de «Palabra del Año».[1]

Gaslight, de George Cukor, es un *remake* de la película británica homónima de 1940, de Thorold Dickinson, basada en una adaptación de la obra teatral *Gas Light* (1938), de Patrick Hamilton. La película inglesa se distribuyó en Estados Unidos con el nombre *Angel Street*, título de la obra de Broadway. Cuando la Metro-Goldwyn-Mayer compró los derechos de *Gaslight/Angel Street*, destruyó el negativo y todas las copias existentes. «Así, es fácil imaginar a los espectadores de mediados de los cuarenta afirmando que habían visto una versión británica de *Gaslight*, pero siendo incapaces de demostrarlo, por mucho que se esforzaran, lo que debió de volverlos completamente locos, hasta el punto de dudar de su propia cordura».[2]

La película de George Cukor fue candidata a siete premios Óscar. Recibió dos: Óscar a la mejor actriz para Ingrid Bergman y Óscar a la mejor dirección artística.[3] Fue un éxito de taquilla impresionante y recibió el aplauso de la crítica. (Si medimos el éxito de una película no en términos de audiencia, sino de recaudación, para un presupuesto de 2 millones de dólares, *Gaslight* recaudó 4,6 millones).

No basta con que una obra tenga éxito para que se convierta en el espejo en el que se miran sus espectadores. Como prueba de su influencia, el relato que hizo Cukor de un matrimonio aterrador se incorporó rápidamente al lenguaje. Lógicamente, la fórmula «*gaslight treatment*» hizo su aparición en las sentencias de divorcio. El 16 de septiembre de 1948, el *Miami News* informaba de la última moda en divorcios, a saber, «la influencia de una corriente de películas basadas en un argumento psiquiátrico, en las que el marido intenta convencer a su mujer de que está loca».[4] «Numerosas denunciantes acusaron a sus maridos de comportamientos destinados a producir miedo o desequilibrio mental, y una de ellas afirmó que su marido la había sometido a un tratamiento *gaslight*.»[5] La misma expresión se utilizó en 1967 en un episodio de la comedia televisiva *The Lucy Show*.[6]

La transformación del sustantivo *gaslight* en verbo (*gaslighting*) es más tardía. En 1961, en su libro *Culture and Personality*, el antropólogo Anthony Wallace escribe:

> Se suele pensar que es posible hacerle luz de gas a una persona totalmente sana y convertirla en psicótica haciéndole creer que su comportamiento es el síntoma de una grave enfermedad mental. Da igual que pensemos que la agresión es imaginaria o real, es incuestionable que las actitudes sociales que interpretan un comportamiento o experiencia como síntoma de incapacidad generalizada son un poderoso vector de vergüenza.[7]

CAPÍTULO 3

Una categoría psicológica

¿En qué condiciones es posible hacer creer a una persona cuerda que su comportamiento es síntoma de una enfermedad mental grave? Por ejemplo, haciéndole un regalo. Dado que hacer luz de gas es una *manipulación*, se trata de transformar la simpatía en una maldición, y un matrimonio de ensueño en una pesadilla: *Cenicienta* transformada en *Barba Azul*.

Volvamos a la historia del camafeo. Apenas Gregory convence a Paula para que viva en la casa que le inspira horror (así es como describe con lucidez la vivienda heredada de su tía) la recompensa regalándole un camafeo.

—¿A que no sabes qué día es hoy? Tres meses hace que salimos de una pequeña iglesia a orillas del lago. Marido y mujer. Tengo un regalo para ti, Paula. Este broche pertenecía a mi abuela, que, a su vez, se lo dejó a mi madre. Ahora pasa a ti. No lo pierdas, el pasador está algo flojo. Tendrás que repararlo. Lo mejor es que no te lo pongas hasta que lo arregles. Lo perderías. Tienes el defecto de perderlo todo, Paula.

—¿De verdad? ¿Tan descuidada soy?

—Oh, no tiene importancia... Lo meteré en tu bolso, aquí estará más seguro. Toma. Sobre todo, no olvides dónde lo tienes.

—No, por Dios, no creo que esté tan mal.

—Te he ofendido. Perdona.

Gregory finge guardar el broche en el bolso de Paula.

—Toma.

Y al hacerlo, se lo lleva.

Gregory es prestidigitador.

¡Puf! Se desvaneció.

Antes de hacer desaparecer el objeto, hace desaparecer una palabra.

«¡Toma!»

Gregory le ofrece a Paula una palabra que ha dejado sin sentido.

Toma designa una cosa que damos a alguien *de verdad*: el destinatario debe sentir su contacto en la mano, su peso en el bolso.

«Sobre todo, no olvides dónde lo tienes.»

Gregory obliga a Paula a recordar un lugar en el que le será imposible encontrar la joya.

Gregory *ya* está casado. La bigamia es el único caso en el que la frase «Os declaro marido y mujer» no es un enunciado performativo.[1] Es imposible que la fórmula pronunciada por el oficiante haga realidad lo que dice. Es imposible casar a un hombre casado. Es legalmente imposible estar casado dos veces. El único *acto* que tiene lugar al pronunciarse la fórmula oficial es un engaño, una ilusión: la de Paula, que se cree casada, cuando su matrimonio no tiene ningún valor legal. El broche, ese regalo de «boda» que nunca perteneció a la madre de Gregory, también es una mentira. De la ilusión al delirio, la misma palabra inglesa *delusion* va ganando intensidad. Así funciona el *gaslighting*: a toda velocidad, Paula, víctima de un prestidigitador, se convencerá de que está delirando.

«¡Te he ofendido! Perdona».

El sadismo de la antífrasis consiste en decir una cosa y su contrario. Además, el sádico puede humillar a su presa subrayando su falta de sentido del humor. (¡Ahora ya no se pueden gastar bromas!)

Después de embarcarla en un matrimonio legalmente imposible, es decir, ficticio, Gregory le entrega a su *esposa* (otra palabra desprovista de sentido) un regalo y su contrario: la ausencia de un camafeo, un bolso vacío.

Le ofrece una palabra (¡*Toma*!) y su contrario (*nada*).

El único regalo real es la sensación de pánico que la invade cuando descubre que su bolso está vacío. Si Paula confiesa a Gregory que perdió el broche, le dará un disgusto. Si Paula oculta a Gregory que perdió el broche, le dará un disgusto. ¿Cómo salir de este callejón sin salida, de este doble vínculo?

En los años cincuenta, el *gaslighting* se convirtió en una categoría psicológica en Estados Unidos. Se define como la maniobra destinada a «manipular a alguien para hacerle dudar de sus percepciones, sus experiencias o su comprensión de los hechos».[2] La teoría del doble vínculo (*double bind*) se considera a menudo como una primera fase. En un ensayo colectivo publicado en 1956, *Pasos hacia una ecología de la mente*, Gregory Bateson propuso una «hipótesis sobre el tipo de situaciones familiares que pueden dar lugar a esquizofrenia».[3, *] Con su equipo de la escuela de Palo Alto, observó características generales en la situación familiar del esquizofrénico, a saber, un tipo específico de relación a la que dio el nombre de *doble vínculo*.[4]

El doble vínculo es una patología de las relaciones familiares. Exige la participación de dos o más personas: «No suponemos que el doble vínculo sea infligido solo por la madre, sino que puede serlo o por la madre sola o por alguna combinación de madre, padre y/o hermanos».[5] No es una experiencia traumática de carácter único,[6] sino que es recurrente. Descansa en un mandato primario

* A lo largo del libro, y a no ser que se indique otra cosa, las traducciones de las citas corresponden a la edición y al traductor indicados, a veces ligeramente modificadas para adaptarlas a este texto. Para el resto de las citas en las que no se indica edición española, la traducción es nuestra. Los números de página corresponden a la edición consultada por la autora. [*N. de la t.*]

negativo: «No hagas esto o te castigaré» / «Si no haces esto te castigaré». El mandato secundario contradice el primario por medios no verbales (actitud, gestos, tono de voz...): «No lo consideres como un castigo» / «No pienses que soy yo quien te castiga» / «No dudes de mi amor»... «Un mandato negativo terciario impide que la víctima pueda escapar.»[7] La huida es imposible, no solo por la amenaza de castigo, sino mediante estratagemas que son positivas en apariencia, como promesas de amor. Una vez que la víctima ha quedado atrapada en la maraña de mensajes contradictorios que conforman su mundo, cualquier elemento, incluidas «alucinaciones auditivas»[8], bastará para provocar el pánico y la rabia.[9] El niño sometido a un doble mensaje de amor y de odio puede llegar a dudar de la realidad de sus sentimientos, o incluso de su propia realidad. La vida de la víctima se convierte en un juego (lingüístico) en el que solo puede perder.

CAPÍTULO 4

Una ironía

Me parece paradójica esta conexión histórica entre la teoría del doble vínculo y el *gaslighting*. Esta paradoja alimenta el punto de vista irónico de este libro. Lo digo de entrada: mi genealogía de este concepto se basa justamente en la ironía. La ironía es la luz que ilumina cada rincón de la cárcel en la que la protagonista de George Cukor ve cómo su mente y su vida se desvanecen al mismo tiempo que la luz de las lámparas de gas. La ironía empieza con mi traducción de *gaslighting* como el *desvanecimiento de una mujer*.

Y con *ironía* no me refiero a ningún tipo de burla referida a los personajes (no me gusta mucho el sarcasmo). La ironía es precisamente la herramienta para *dilucidar* la situación de encierro y de terror que consiste justamente en despojar a la víctima de toda su *lucidez,* en negar su derecho a tener libertad y unas opiniones propias, negar su libertad de expresión. Por lo tanto, este libro maneja la ironía como *un punto de vista crítico*, que tiene como perspectiva la emancipación de una mujer, un ser humano, una ciudadana, y que hace las veces de *arma* concreta de liberación. La ironía es un estilo de escritura y una forma de vida que son indisociables. Ambas cosas intentan subvertir el sarcasmo sádico del torturador para convertirlo en ironía de protección y emancipación.[1]

Mi punto de vista descansa en una *empatía* con la figura de la víctima. Dilucidar el mecanismo del *gaslighting* no implica aceptarlo. Por esta razón no voy a analizar la psicología del agresor, sino que voy a desmontar su sistema de mentiras / engaños / manipulaciones / destrucción, con el fin de desactivar las simpatías que se pueda ganar. La ironía es el arma más efectiva para librarse de creencias falaces y destructivas. La película de George Cukor trata del *miedo* y la *obsesión de una mujer.* El espectador comparte su terror y su aislamiento. No cabe duda de la culpabilidad del manipulador que la somete a tortura. El espectador no se ve compelido a ahondar en la historia ni los motivos psicológicos que le convirtieron en un asesino. «¡Porque estaba en su casa!... ¡Porque él era el amo!... ¡Porque él era el hombre!»[2] Este libro adopta un punto de vista (podríamos decir una ética) similar al de la película de Cukor. Opta por no ponerse *en el lugar* de Gregory, por no entrar en su cabeza. Desactiva el mecanismo del *gaslighting* sin reconstruir la historia del agresor: nunca se ciñe a su punto de vista, ni intenta desentrañar por qué motivo psicológico es malvado. En cambio explora el punto de vista de su víctima: por qué razones políticas ella acepta esta negación de sí misma. No se trata de un análisis individual (si este hombre está loco o es malvado), sino de la investigación genealógica de una estructura social. Debe mucho a los análisis de Stanley Cavell en *Más allá de las lágrimas*: «Pero aquí no me interesa la historia de Gregory, y en cierto modo es irrelevante [...] [pero] me sugiere que la historia de este hombre es irrelevante, como si no existiera nada realmente reseñable en esta mención de sus entresijos, como si todas las mujeres tuvieran que enfrentarse con eventualidades semejantes propias de los hombres a los que se entregan en matrimonio».[3]

La ironía permite dilucidar esta estructura. Me refiero a la definición que propone Hélène Cixous de la ironía de Sócrates: «Se trata de trabajar sobre la ignorancia como si fuera un fingimiento, la ignorancia que siempre es un fingimiento. Es siempre un "no quiero saberlo" inconfeso. La ironía suprema es la de Sócrates, la de obligar a confesar no la ignorancia, sino que no queremos saber lo que sabemos y que no queremos aceptar saber lo que sabemos que no sabemos».[4]

Apliquemos la ironía socrática a la película de George Cukor. La *ignorancia fingida* es la del cineasta que hace como si no entendiera la trampa en la que ha caído su protagonista para poder desvelar mejor cada etapa del mecanismo y permitir que la prisionera pueda escapar. En boxeo, este fingimiento es una finta, que simula una acción ofensiva.

La *ironía suprema* de *Gaslight*, tanto la película de 1944 como la obra de teatro de 1938, consiste en obligar a la sociedad victoriana a confesar no que ignora lo que es en realidad el matrimonio para las mujeres (¿cómo va a ignorar la sociedad dominante la prisión cuyo marco legal ha creado?), sino que se niega a reconocer abiertamente su violencia.

La sociedad victoriana no quiere aceptar que *sabe lo que sabe que no sabe.* Lo que quiere decir: ninguno de los miembros del po der que dicta la norma conyugal hace nada por abrir la puerta tras la que innumerables Paulas esperan para escapar. Más vale mirar a otro lado y hacer como que no vemos que la joven Paula, en estos días primaverales que barren la niebla y pintan los parterres de narcisos, nunca sale. Es más, si se atreve a asomarse al atrio de la casa sumergida en la penumbra es para dar marcha atrás y cerrar la puerta rápidamente.

¿Qué le pasa a la señora? No está enferma, ¿verdad?

No lo sé, yo creo que no. Pero el señor se empeña en decir que sí.

Jane Eyre,[5] la mayor novela inglesa, contemporánea de la trama victoriana de *Gaslight*, comienza: «Era imposible salir a pasear aquel día».

There was no possibility of taking a walk that day.

Al menos si la paseante es una mujer.

Pero volvamos a la paradoja del doble vínculo. Estamos en los Estados Unidos de los años cincuenta. A veces, Gregory Bateson entra en la intimidad de sus sujetos de estudio sobre la esquizofrenia. Así es la «linda casita», en las antípodas del decorado gótico de *Luz de gas*, donde su paciente, que ha llegado al límite del jardín, se detiene y se pone a temblar.[6]

> La casa, el césped, la decoración, todo era como una de esas casas piloto que una agencia inmobiliaria prepara para vender toda una urbanización. En el interior, no parecía que la casa estuviera amueblada para vivir en ella, sino más bien para que parezca una casa amueblada. *Un día, hablaba con el paciente acerca de su madre y le sugerí la hipótesis de que quizá su madre fuera una persona temerosa. Asintió.*[7] [...]. Había sobre la chimenea un soberbio ramo de flores artificiales perfectamente equilibrado, un faisán de porcelana a cada lado, todo ello dispuesto simétricamente; en cuanto a la alfombra, era exactamente lo que debe ser una alfombra. Cuando llegó la madre me sentí algo incómodo en la casa por haber llegado sin avisar. El paciente no había estado por allí en los últimos cinco años, pero las cosas parecían ir perfectamente, así que decidí dejarlo allí y volver cuando fuera la hora de volver al hospital. Tenía una hora larga por delante para dar un paseo [...]. Me decidí a introducir en la situación algo que fuera hermoso y al mismo tiempo desaliñado. [...] Me dije que unas flores eran lo más adecuado y compré unos gladiolos. Al volver a casa de mi paciente se los entregué a la madre diciendo que quería que tuviera algo hermoso y al mismo tiempo desaliñado. «Oh, me contestó, las flores nunca están desaliñadas. Cada vez que una se marchite, la cortamos.» Lo que me parece interesante de su respuesta no es tanto su contenido, manifiestamente castrador, sino el hecho de que automáticamente me puso en la posición de pedir disculpas, aunque no tenía por qué hacerlo. Es decir, *la madre tomó mi mensaje y lo reclasificó.* Es como si hubiera cambiado la etiqueta que indicaba el tipo de mensaje que era y tengo la

> sensación de que lo hace constantemente: se apodera de los mensajes de los demás para responder como si fueran un reconocimiento de debilidad por parte del interlocutor, o bien un ataque contra ella (que, de nuevo, es un signo de debilidad por parte del interlocutor) y así una y otra vez.[8]

Durante la década de 1950, mientras Gregory Bateson deambulaba por las calles de un barrio de las afueras, echando miradas curiosamente asombradas (al menos para un antropólogo) sobre una forma de vida que constituye la norma, Betty Friedan entraba en los mismos hogares modelo de los que procedía para recoger los materiales que se convertirían en 1963 en su famosa obra *La mística de la feminidad.*

La mística de la feminidad identifica el malestar «indefinible»[9] de las amas de casa y las esposas estadounidenses. Durante las décadas de 1950 y 1960, las amas de casa blancas, relegadas a sus hogares del extrarradio, «sufrían todas ese malestar *que no tiene nombre*».[10] Encontrar una palabra que resuma el sufrimiento tabú de millones de mujeres, culpables de no ser felices a pesar de que encarnaban «el ideal de cualquier joven estadounidense»,[11] implicaba cuestionar algo que era mucho más que un ideal: la *mística* de la «perfecta ama de casa».[12]

La «mística de la feminidad»,[13] donde «la única apertura al futuro es el mundo del parto»,[14] se basa, según Betty Friedan, en una *mistificación*: obligada a modelar su vida según una imagen que la transforma en una «marioneta»,[15] la mujer mistificada llega a dudar de su personalidad, de su inteligencia, de su existencia como ser humano adulto, igual que una mujer internada «en un hospital psiquiátrico debe negar la realidad para creer que es una reina».[16]

Mistificación es también una traducción posible de *gaslighting.* Betty Friedan analiza todo el proceso histórico y las opciones políticas que, desde los años cincuenta, han programado el regreso al hogar de las jóvenes inteligentes, comprometidas y abiertas al mundo, transformándolas en «máquinas de comprar»[17] electrodomésticos que, lejos de aligerar su monótona vida cotidiana, añaden nuevas tareas y agravan el desconcertante «cansancio del ama de casa».[18] «Son los nervios»,[19] concluyen los médicos. En varias conferencias «comunican que no son capaces de curarlas ni de descubrir sus causas»,[20] y ordenan a sus pacientes (la mayoría jóvenes y sanas) que tomen pastillas, vitaminas e inyecciones «para la anemia, la hipotensión, la escasa actividad metabólica»,[21] prescribiendo dietas, tranquilizantes, curas de desintoxicación («hay aproximadamente un millón de amas de casa alcohólicas declaradas en Estados Unidos»),[22] con el fin de curar el misterioso mal que aqueja a la mujer perfecta. Y «todos esos tratamientos resultaban inútiles».[23]

«No te preocupes, no es nada, el cansancio...», repite Gregory a Paula durante una de las pocas veces que su mujer sale de casa. La ha llevado a ver la sala de torturas de la Torre de Londres.

«Sí, es posible que tengas razón, estoy cansada, es verdad. ¿Volvemos a casa?»

Y así, los Ángeles del Hogar vuelven a casa. Paula a su mansión victoriana, la esposa de clase media a su casita impecable, donde las esperan un marido (en el desván y en la oficina), o la posibilidad de realizarse de la forma más acorde con su función: volverse locas... de aburrimiento.

Betty Friedan lo entendió perfectamente: la decoración normalizada, tal y como la retratan los anuncios y los periódicos, la exigencia para la Perfecta Ama de Casa de maquillaje, pelo rubio teñido y ropa sofisticada, incluso para pasar el aspirador, no refleja la vida interior y la búsqueda de identidad que les están prohibidas. Este decorado muerto, apenas animado por el simulacro de vida de la pequeña pantalla (inmortalizado en una escena desgarradora de *Solo el cielo lo sabe*, de Douglas Sirk),[24] convierte en cadáveres a la mujer y a su progenie, mientras que el marido se contenta con pasar por allí de vuelta del trabajo y los hijos desaparecen apenas cumplen la mayoría de edad.

En cuanto a Gregory Bateson, parece convencido de que la Perfecta Ama de Casa ha convertido en un cadáver el salón en el que se introduce gracias a un subterfugio, con un ramo de gladiolos que supuestamente deberían devolverle la vida. Su regalo es «hermoso y al mismo tiempo desaliñado», subraya, tendiendo a la mujer «temerosa» estos grandes tallos rígidos que suelen utilizar las funerarias para composiciones florales.

Sin duda habrá que ver en la mala educación del antropólogo su deseo de hacer saber a la madre que es culpable. Culpable de cortar las flores mustias, un comportamiento «manifiestamente castrador». (Dejar las flores secas lo sería también, con arreglo a la lógica del doble vínculo definida por él mismo.) Culpable de la esquizofrenia de su hijo, con arreglo a esa misma teoría que atribuye *exclusivamente* a la mujer los traumas que la «dominación materna»[25] engendra en maridos e hijos. Culpable del «confortable campo dc concentración»[26] (la expresión es de Betty Friedan) en el que la sociedad aparca a las mujeres y a sus hijos, infantilizando y cosificando a las madres. ¿Culpable del miedo que siente esta «persona temerosa»?

En resumen, la paradoja (irónica) de la génesis del *gaslighting* en la psicología estadounidense reside en el hecho de que la teoría de uno de sus precursores hiciera personalmente luz de gas a las mujeres, culpándolas sistemáticamente de las enfermedades mentales de sus hijos. En el trasfondo de las familias cuyas madres incrimina Gregory Bateson nunca aparece la perspectiva global, es decir, la imagen más amplia de los Estados Unidos de los años cincuenta y sesenta. Sin embargo, su pertinente modelo de comunicación critica el doble vínculo de la televisión, que condena la violencia al tiempo que la propaga.

La cuestión no es tanto que *tal o cual madre o esposa* sea una persona loca (dominante, castradora, «histérica»...), cosa que obviamente ocurre porque un modelo tradicional condena a la madre y a sus hijos a vivir prácticamente en autarquía. Al negarnos a cuestionar el significado político del misterioso malestar de las mujeres, al disociar la manipulación psicológica de un proyecto global que obstaculiza su emancipación, nos estamos negando a analizar quién «mueve los hilos».[27]

CAPÍTULO 5

Un crimen perfecto

Está claro que el concepto de luz de gas es una herramienta crítica del feminismo. La película seminal de George Cukor tiene como protagonista a una cantante, sobrina de otra cantante que murió estrangulada y que, a su vez, está perdiendo la voz. Desde la década de 1960, en el lenguaje de la psicología académica estadounidense, el *gaslighting* describe unos abusos sexuales y psíquicos, junto con un intento de difuminar la realidad en la mente de la víctima, empezando por la posición que ocupa.

El manipulador conduce a la víctima a cuestionarse cada una de sus decisiones, sentimientos, emociones o percepciones, sus valores, hasta llevarla a dudar de su salud mental. Progresivamente, los fundamentos de la realidad se desvanecen. Los papeles de víctima y agresor se intercambian. El perseguidor convence al perseguido de que no es la *víctima*, sino el *autor* de un delito. Esta fase de negación es la primera etapa de una estrategia de manipulación que la investigadora estadounidense de psicología y ciencias del comportamiento Jennifer Freyd bautizó con el acrónimo DARVO:[1] *deny, attack, and reverse victim and offender* (negación, ataque e intercambio de papeles entre víctima y agresor). Según Jennifer Freyd, la primera etapa del DARVO, la negación, corresponde específicamente al *gaslighting*: «El agresor se apresura a dar la impresión de que está siendo atacado injustamente y de que su víctima es el verdadero agresor. Los papeles y las responsabilidades están totalmente intercambiados».[2]

El *gaslighting* procede mediante la inversión, la proyección, la negación. Descansa en una doble estrategia: te destruyo al tiempo que te convenzo de que esta destrucción nunca existió, salvo en tu cerebro enfermizo. La destrucción no es suficiente, porque, de serlo, Gregory se contentaría con asesinar a Paula como asesinó a su tía. La negación no basta: esta estrategia lleva a la víctima a dudar no solo de sus sufrimientos (hasta quedar convencida de que nunca existieron), sino de su propia existencia.

Una película de Alfred Hitchcock de 1938 anticipa *Luz de gas*, estrenada en 1944. En *Alarma en el expreso*, Miss Froy, una espía británica al servicio de su majestad, se desvanece en un tren que va cruzando Europa. Los pasajeros fascistas y nazis que la secuestraron se ponen de acuerdo para negar que la anciana haya existido. Una testigo salva a la mujer desvanecida: una pasajera llamada Iris, como la zona coloreada de su ojo, la *vio*. Recuerda su conversación en el vagón restaurante. Iris se transforma en detective para demostrar que la espía invisible existe y también que ella misma no está loca, algo de lo que parecen estar convencidos su compañero de viaje y todos los que viajan en el tren.

Alarma en el expreso y *Luz de gas* se dan literalmente el relevo. Justo antes de casarse con su verdugo y mudarse con él a Londres, Paula conoce a una locuaz anciana en un tren. Precisamente la mujer tan parlanchina está interpretada por Dame May Whitty, que hizo de anciana espía en *Alarma en el expreso*. Los dos personajes se parecen: charlatanas, observadoras, curiosas, incluso indiscretas, pero muy lejos del tópico de la solterona parloteando sin ton ni son. Su curiosidad no las condena al destino de Pandora. La primera mujer humana (y fatal)[3] de la mitología trae consigo una misteriosa caja que Zeus le prohíbe abrir. Impulsada por la curiosidad con la que la dotaron los dioses, Pandora abre la caja y libera todos los males de la humanidad, excepto la esperanza, que tarda más en escapar y permanece cautiva.

(La historia se repite cuando Barba Azul entrega a su mujer una *llave* y le advierte que no *la utilice para abrir nada*. «Esta llave pequeña es la llave del gabinete que hay al final de la gran galería del piso inferior: ábrelo todo, ve a todas partes, pero, en cuanto a este gabinete, te prohíbo que entres en él, y te prohíbo que lo hagas de tal manera que, si se te ocurre abrirlo, no haya nada que no debas esperar de mi ira».[4] ¿Cómo salir de este dilema?)

En *Alarma en el expreso* y en *Luz de gas*, y también en *Barba Azul*, la curiosidad y la palabra son las armas de supervivencia de las mujeres. La señorita Froy, que habla sin parar de su té favorito, que lleva consigo a todas partes (¿acaso teme que la envenenen?), ha escrito su nombre en la ventanilla del vagón restaurante. Las letras aparecen en una nube de vapor, lo que demuestra la existencia de la bebedora de té y frustra el crimen perfecto. La viejecita parlanchina con la que se encuentra Paula en el tren resulta ser su vecina en Londres. Intrigada por la melancólica reclusión de la recién casada, la vecina cotilla se pone a investigar, interrogando al marido y a las criadas.

La presencia de un testigo es una condición indispensable para escapar si te están haciendo luz de gas. Paula se desvanece en el *espacio conyugal privado*, un espacio en el que *no hay testigos*, solo está el marido agresor. Si nadie puede ver cómo la mujer se desvanece, tanto la mujer misma como su desaparición no habrán existido nunca.

El testigo es el tercero que tiene el valor de *observar* lo que ocurre y de *creer a* la víctima. El testigo «se atreve a saber». «*Sapere aude*»[5] es el mandato que Immanuel Kant toma prestado de Horacio para convertirlo en el lema de la *Aufklärung*. La *Ilustración* son las Luces, literalmente el acto de resistencia contra la *oscuridad* en la que un poder dominante (príncipes, sacerdotes, eruditos) mantiene a los individuos en un estado de minoría de edad en el que renuncian a utilizar su entendimiento.

Alarma en el expreso vincula íntima e históricamente el acto de mirar con las creencias. Los secuestradores nazis y fascistas hacen desaparecer a la vieja espía ante los ojos de los pasajeros y hacen desaparecer también su convencimiento de que estuvo en el tren. Al eliminar su presencia visible, socavan simultáneamente cualquier creencia no solo en su desaparición, sino en su propia existencia. Todo es posible gracias a la cobardía y el egoísmo de los viajeros, ansiosos por llegar a casa para ver un partido de críquet, y a la invisibilidad social de las ancianas.

Hacer luz de gas siempre permite el crimen perfecto: solo hay que convencer a la víctima de que nunca existió y convencer al mundo de que la víctima nunca existió. Así que también es un crimen contra la lógica. El «razonamiento» del agresor es el siguiente:

Has perdido el broche que te regalé.
Nunca te he regalado ningún broche.
El broche que has perdido no existe.

Paula pronto aterriza en el *País de las Maravillas*, inmersa en una pesadilla que su tía *Alice* ya vivió antes que ella. Alice, cuyo asesino no se llegó a descubrir. Alice, a quien los allegados de Paula (su tutor, su profesor de canto, su marido) le piden que olvide.

George Cukor rodó *Luz de gas* en decorados que recreaban la Europa de sus antepasados judíos húngaros. ¿Presentía ya en 1944 el alcance histórico de su película de terror? Su cámara se detiene con asombrosa clarividencia en el humo creado por la niebla londinense y por las lamparillas de gas. Al igual que *Alarma en el expreso*, con la que forma un díptico, *Luz de gas* anticipa el exterminio de las víctimas del nazismo y la negación de su destrucción al mismo tiempo.

CAPÍTULO 6

Cambio de escala

La segunda etapa que convirtió *gaslighting* en palabra clave de nuestro tiempo tuvo lugar durante la campaña presidencial que precedió a la primera elección de Donald Trump, el 8 de noviembre de 2016. A medida que se iba difundiendo la ideología trumpiana, el *gaslighting* pasó bruscamente del campo de la psicología al del debate público, hasta el punto de convertirse en una de las expresiones más utilizadas en Estados Unidos.

Durante el primer mandato de Donald Trump, analistas políticos, historiadores, intelectuales y columnistas describieron a Donald Trump como *gaslighter*, denunciando en la prensa su comportamiento como «parte de una relación abusiva clásica con el país. Donald Trump hacía luz de gas a todo el país, arrastrándolo a una espiral de dudas, ira y desesperación»:[1]

> No habíamos visto semejante nivel de *gaslighting* desde las fuerzas del Eje de la Segunda Guerra Mundial. Tomemos, por ejemplo, la declaración de Trump: «Lo que ven y lo que leen no existe». O la de Rudy Giuliani, el abogado de Trump: «La verdad no es la verdad». Esta es una técnica clásica de *gaslighting*: decir a las víctimas que los demás mienten y están locos, de modo que el agresor es la única fuente de información «verdadera». El resultado es que las víctimas cues-

tionan su realidad y se vuelven todavía más dependientes de su agresor para que les proporcione la «verdad».[2]

En un artículo publicado en 2022 en *Varsity*, la revista de la Universidad de Cambridge, Alfie Eltis definió el primer mandato presidencial y la segunda campaña de Donald Trump como una

> campaña permanente de *gaslighting* político. El *gaslighting* es una técnica sofisticada e insidiosa de engaño y manipulación psicológica que se utiliza para minar la confianza de la víctima en su propia capacidad para distinguir la verdad de la mentira, la verdad de la falsedad o la realidad de la apariencia, con el fin de que dependa psicológicamente de su agresor. Trump está utilizando esta técnica para que los votantes estadounidenses duden de su memoria sobre sus acciones y posiciones pasadas, con el objetivo de hacer dudar de los hechos y generar desconfianza en las fuentes fiables de información. Su objetivo final es tener el monopolio de la verdad.[3]

Desde que Vladímir Putin invadió Ucrania el 24 de febrero de 2022, acusando al país atacado de «nazismo», el *gaslighting* se ha convertido en una herramienta de análisis crítico de una inversión de la realidad (o incluso de su negación) que inmediatamente le valió a Vladímir Putin el apoyo del propagandista de falsedades, Donald Trump.

¿Es legítimo establecer una continuidad entre el *gaslighting* que tiene lugar en el dormitorio de la película de George Cukor y su extensión global? La posverdad y sus avatares, empezando por el posfascismo italiano, ¿son las formas contemporáneas de un *gaslighting* que intenta hacer creer a los electores que la verdad histórica y política no existe? ¿Quieren hacernos pensar que gracias a la magia que obra un prefijo el fascismo —¡puf!— se desvaneció?

¿En qué condiciones el concepto de *gaslighting* permite crear un vínculo entre violencia doméstica y violencia política? ¿Están ambas manifestaciones del *gaslighting* (la individual y la colectiva) *íntimamente ligadas*, en el sentido en que Hannah Arendt estableció que «la negación deliberada de la realidad (la capacidad de mentir) y la capacidad de cambiar los hechos (la capacidad de actuar) están íntimamente ligadas»?[4] En su reflexión sobre la «deliberada falsedad»[5] al más alto nivel del Gobierno estadounidense, que culminó en el escándalo Watergate en 1972, la filósofa demostró que el único horizonte de la mentira es la destrucción:

> Los profesionales de la resolución de problemas tienen algo en común con los vulgares mentirosos redomados: es su intención de deshacerse de los hechos [...]. La verdad de la cuestión es que esto jamás se puede lograr mediante ninguna teoría o manipulación de la opinión, como si fuera posible eliminar del mundo un hecho solo con que gente suficiente creyera en su inexistencia. Solo es posible gracias a una destrucción radical, como el del asesino que «afirma» que la señora Smith ha muerto y entonces la mata.[6]

La analogía de Arendt relaciona la destrucción de la «señora Smith» (asesinato) y la anulación de una realidad (mentira política). Ni el episodio Watergate ni el *gaslighting* conyugal se pueden leer en la página de sucesos.[7] El objetivo es analizar la continuidad entre la manipulación de *una persona* y la manipulación de *un número bastante elevado de personas*. Ambas formas de manipulación realizan un acto similar de prestidigitación destinado a convencer de que un hecho que existe no existe.

El 25 de febrero de 2023, la escritora estadounidense Rebecca Solnit, inventora de la teoría del *mansplaning*,[8] publicó un artículo de opinión en *The Guardian* titulado «El feminismo me ha enseñado todo lo que necesito saber sobre hombres como Trump y Putin»:

> Como todos los hombres culpables de abusos, los dictadores intentan controlar quién puede hablar y qué relatos debemos creer.

Se trata de un mero cambio de escala. [...] Todo lo que necesitaba saber sobre el autoritarismo lo aprendí del feminismo, más precisamente de la aguda mirada del feminismo cuando se trata del control coercitivo y de los agresores masculinos. En su libro *Coercive Control*, Evan Stark, sociólogo y especialista en violencia contra las mujeres, definió su título [*Control coercitivo*] como un término que engloba la violencia doméstica dentro de un patrón más amplio de aislamiento, intimidación y control.[9] (Este libro tuvo tanta influencia que en el Reino Unido el control coercitivo se considera ahora un delito.) La violencia es importante, escribe Stark, «pero el principal daño que infligen los hombres violentos es político, no físico: refleja la privación de derechos y recursos que son esenciales para la identidad y la ciudadanía». Conectamos así con lo que los dictadores y los regímenes totalitarios hacen a quienes están bajo su control: es solo una cuestión de escala. Y a todas las escalas, el objetivo es controlar no solo las cuestiones prácticas, sino también los hechos, la verdad y la historia; quién puede hablar y qué se puede decir. [...] La antítesis es, por supuesto, la democracia, que también es un principio que opera a todos los niveles. Podemos decir que un matrimonio es democrático si ambas partes ejercen el poder por igual y no se coaccionan o intimidan mutuamente. De la misma forma, un matrimonio puede ser una pequeña tiranía en la que uno obtiene y el otro renuncia a derechos y poderes en virtud de esa unión, que hasta hace poco era la definición legal y social del matrimonio. También calificamos de democráticas a las naciones en las que las decisiones nacionales son tomadas (aunque sea imperfectamente) por representantes elegidos por el pueblo y responsables ante él. [...]

Un término que se usaba hace tiempo para describir la relación entre un hombre abusivo y una mujer manipulada, *gaslighting*, se convirtió en una palabra indispensable en la vida pública cuando Trump llegó a la presidencia. El acoso, la intimidación, la furia desatada contra los oponentes, el hecho de suponer que él debe estar a cargo de todo, incluidos los hechos, la rabia, la insistencia en la ilegitimidad de cualquier otro poder y cualquier otra voz que no sea la suya: estas son las características de los dictadores en las esferas doméstica y política. Comenzó su presidencia a la sombra de una grabación en la que abogaba escandalosamente por agarrar a las mujeres «por el coño»; la terminó a la sombra de una insurrección, que fue la negativa a aceptar el veredicto de más de ochenta millones de votantes, así como las normas establecidas por la Constitución estadounidense.

Lo sorprendente del *gaslighting* es que es un intento de promover una mentira o una distorsión de la verdad utilizando las ventajas del poder, incluyendo la credibilidad y la posición social, para dominar a la persona o los pueblos que son víctimas de esta agresión. Es una forma de violencia no contra los cuerpos, sino contra los hechos y contra la verdad. En los relatos de relaciones familiares abusivas, en la Administración Trump y en la historia del autoritarismo, los hombres en el poder han considerado los hechos, la verdad, la historia y la ciencia como sistemas rivales de dominación que deben ser aplastados o sometidos. Son efectivamente sistemas rivales: una democracia de la información significa que lo que prevalece es lo que ha demostrado ser cierto y tener fundamento, tanto si conviene como si no a quien esté en el poder. [...] Se puede intimidar a las personas para que guarden silencio y obedezcan. También se puede hacer con pueblos enteros. Y también con los hechos y la verdad. La democracia se juega a todas las escalas.[10]

El cambio de escala está en el corazón de este libro. En varias décadas, el *gaslighting* ha pasado del cine al psicoanálisis, del feminismo a la política, del espacio privado al público, del dormitorio a la empresa, de la cultura pop a la teoría política, de la familia al Estado, del matrimonio heteronormativo a la diplomacia internacional. Sin embargo, aún no se han teorizado todos sus usos, ni siquiera por parte de la filosofía estadounidense, aparte de la exégesis de

Stanley Cavell.[11] Es hora de hacerle sitio en nuestro lenguaje, inventando «nuestra» visión europea. Si lo traducimos literalmente, es el «extinguidor» de la conciencia, en contra del ideal emancipador del Siglo de las Luces.

Este ensayo parte de la experiencia de las mujeres. Cualquiera se puede identificar con ella. Las cuestiones de escala no son un obstáculo para el sentimiento de *reconocimiento* que todo espectador experimenta ante una pantalla de cine. Por eso, *Luz de gas*, de George Cukor, fue elegida en 2019 por la Biblioteca del Congreso (el equivalente estadounidense de una Biblioteca Nacional), entre innumerables obras maestras de la historia del cine, como una película que debe conservarse por su «importancia cultural, histórica y estética». El reconocimiento es uno de los nombres de la gratitud por un trabajo que se ha convertido en un relato colectivo.

Utilizo la palabra *relato* en el sentido que me ha dado la práctica de la literatura (como lectora, escritora y traductora). Es una elaboración colectiva que vincula la existencia de un ser humano a una reflexión que lo trasciende. Se trata del vínculo que la práctica humana del lenguaje, mediante un uso de las palabras basado en un acuerdo común, establece entre formas de vida que a veces son polos opuestos (individual, histórica, socialmente). Es un refugio hospitalario —un libro, una relación, una conversación— que protege de la humillación y la violencia. Esto está muy lejos de la contingencia anecdótica del testimonio, y más cerca de la función ética del *testigo*.

La película *Luz de gas reconocía* a sus espectadores —los *veía*, *daba testimonio* por ellos— de la misma forma que sus espectadores, de hecho, sus espectadoras, se reconocían en ella. Ha servido de arma para resistir y hacer frente a su propio desvanecimiento de manos de la norma dominante del matrimonio. Y para reírse de un sistema que silencia a las mujeres, que son tratadas como un rebaño de desvanecidas.

Este libro es también un manual de combate. Se presenta como una *tragicomedia* en cuatro actos, cuatro heroínas. Mis reflexiones sobre el *gaslighting* me han enseñado que la tragedia de la historia de las mujeres puede convertirse en comedia cuando se utiliza la ironía como herramienta de emancipación.

ACTO 1

Hablar con Alicia

—La cuestión —dice Alicia— es saber si tienes el poder de hacer que las palabras signifiquen más de una cosa.
—La cuestión —dice Humpty Dumpty— es saber quién manda. Punto.

Lewis Carroll, *A través del espejo y lo que Alicia encontró allí*

CAPÍTULO 7

Soledad en pareja

La escena inicial de este libro se sitúa al comienzo de *Luz de gas*. Como en la obertura de una ópera, contiene los motivos y los temas —las claves, se podría decir— de la película de George Cukor.

En una plaza londinense envuelta en niebla, un hombre enciende la llama vacilante de una farola de gas. Un periódico revela que «una famosa cantante», Alice Alquist, ha sido estrangulada en su casa de Thornton Square. El asesino impune ha huido. Por la puerta de una casa victoriana vemos salir furtivamente a una adolescente y un anciano. Ante la mirada ávida de los curiosos allí congregados, la muchacha pálida y vestida de luto se refugia en un coche de caballos. El hombre que la acompaña vuelve a la casa vacía para apagar la luz de la entrada. Cierra la puerta con llave y se une a la pasajera, que se acerca a la ventana. El anciano interrumpe el movimiento con un gesto autoritario de la mano, reforzado por el bastón.

—No, no, Paula, no mires atrás. Tienes que procurar olvidar todo lo que ha pasado aquí. Piensa en el futuro y olvida el pasado.

La adolescente, que no ha dicho ni una palabra, se hunde de nuevo en la oscuridad. Sus labios se abren, pero de ellos no sale sonido alguno. La cámara se acerca al óvalo translúcido de Ingrid Bergman, envuelta en velos de luto que cubren su cabello oscuro.

El rostro espectral flota en la oscuridad. Desaparece lentamente, como si se desvaneciera.

En la escena siguiente, la adolescente enlutada se ha convertido en una jovencita radiante. En el salón de su anciano profesor de canto, bañado en la luz de Italia, está ensayando el «aria de la locura» de *Lucia di Lammermoor*.[1] La heroína de Gaetano Donizetti ha visto en sueños la «sombra» de una joven apuñalada por su amante. Obsesionada por esta mujer sin sepultura, desesperada por las maquinaciones de su hermano que quiere arrastrarla a un matrimonio forzado, Lucia se hunde en un estado que todos los que la rodean consideran de «locura». Una «palidez funesta, horrorosa» cubre su rostro. Cuando se rebela contra la prisión del matrimonio sin amor a la que su hermano la condena, este la manda callar: «No hablemos del pasado». Y cuando va a morir, Lucia murmura: «Me desvanezco».

El profesor no está contento con Paula:

—¡No pones alma en el canto!

Su voz, curiosamente aflautada comparada con la inmensa estatura de Ingrid Bergman, no consigue transmitir los «suspiros ardientes» de Lucia. El profesor se encoleriza. Le reprocha su incapacidad para comprender que la ópera es tragedia, cuando su tía Alice la interpretaba tan bien.

—Es superior a mí, no tengo voz.

—Tu problema no es solo la falta de voz. Lo peor es que en lo que cantas no hay alma.

Adivina que su alumna está enamorada. Presiente que el matrimonio la alejará de las escenas en las que triunfó la mundialmente famosa Alice. «Cada vez que te veo aparecer te encuentro más feliz y menos cantante». ¿Por qué acepta Paula con fatalismo la opinión tajante del anciano, según la cual el amor impide que la mujer cante bien? ¿Desde cuándo un profesor de canto puede enseñar a su alumna a cerrar la boca?

Antes de conocer a Gregory, Paula ha conocido a dos hombres, dos figuras de autoridad, dos ancianos mandones que le exigen que olvide su pasado y su canto. Los dos mandatos se entremezclan. Un ser humano no puede encontrar una voz —no puede abrirse al futuro— si olvida mirar de frente sus orígenes. Y por orígenes entiendo el principio del relato, en el que descansa toda vida humana. Un ser humano no puede encontrar una voz —una condición íntima de sujeto— si calla.

En la escena inicial de *Luz de gas*, la mano del tutor, armada con un bastón, aleja a la huérfana muda de la ventana desde la que intenta contemplar por última vez el marco trágico de su infancia. (Si alguien es capaz de comprender la tragedia es ella, doblemente huérfana, de sus padres y de su tía...) Tras la ventana también está buscando un futuro: la huida, hacia fuera, hacia el mundo adulto en el que podrá tomar sus propias decisiones sin que las tenga que autorizar un anciano. Y, sin embargo, apenas alcanza la madurez, una nueva figura de autoridad le impide elegir. El profesor de canto, que debería prepararla para la fama en los escenarios internacionales, la condena a la intimidad del matrimonio.

Durante su breve luna de miel italiana, Gregory manipula a Paula para que supere su repulsión y acepte vivir en «la casa de los horrores» heredada de su tía. Apenas cruzan el umbral del domicilio conyugal, que en realidad es la escena del crimen, Gregory suprime todo tipo de vida social. Rechaza las invitaciones y califica las visitas amistosas o de cortesía de intrusiones. Cuando su vecina de Thornton Square insiste para que la criada la deje entrar (la anciana ha adivinado que pasa «algo raro»), pierde la contención. Su tonillo meloso roza la histeria. Grita: «¡No quiero que esta casa se llene de gente!».

Tras aislar a Paula del mundo exterior, prohíbe a las criadas (la cocinera y la doncella) que tengan contacto con su señora.

—Una advertencia: a la señora no debe molestarla bajo ningún pretexto. Nunca. Si tiene usted alguna duda, pregúnteme a mí. Eso es primordial. Su antecesora no hizo caso y la despedí. Comprendo que le parezca extraño, pero la señora es un poco... excitable.

Para hacer luz de gas, lo primero es aislar totalmente a la víctima. El *Diario de un seductor* de Kierkegaard podría rebautizarse *Diario de un manipulador* porque el narrador describe las etapas de la manipulación mental de una joven, basa el éxito de sus crueles maniobras en el aislamiento de su presa y, en general, de las mujeres. El aislamiento define la condición femenina, explica su debilidad y, por tanto, la realización exclusiva de la mujer en el matrimonio.

> Cada vez estoy más convencido de que ella vive en una absoluta soledad.
>
> Un ser humano no debe vivir así, sobre todo si es joven, pues su evolución y su desarrollo dependen casi siempre de una meditación interior de los hechos exteriores y, por tanto, ha de estar en relación con otras personas. [...]
>
> No obstante, la mujer pertenece al sexo débil; permanecer sola durante la juventud es para ella mucho más importante que para un hombre: la mujer ha de sentirse cómoda en sí misma, aunque sea una ilusión. La naturaleza dotó de modo espléndido a la mujer, al darle esa fuerza.
>
> Si tuviese que imaginarme a la doncella ideal, la colocaría siempre sola en el mundo: ante todo, no debería tener amigas.[2]

Lo que Kierkegaard llama *seducción* es un caso clínico de *gaslighting*, cuya primera condición es mantener aislada a la mujer. El seductor Gregory también lo intenta. Tras varias semanas de reclusión para curar su misterioso «cansancio», Paula se ha convertido en extranjera en su propia casa. Se ha visto privada del derecho a llevar su casa, «privilegio» reservado a las mujeres de la alta sociedad de la época victoriana. Está retrocediendo de la mayoría de edad que acaba de conquistar al estado de menor de edad que comparte con los locos y los niños. Está pasando de la independencia relativa de una rica heredera a la dependencia absoluta de una esposa bajo control. Su existencia está acompasada por la espera febril de la vuelta del «amo», que rompa por fin el aburrimiento de sus días vacíos, a menos que esa misma vuelta se convierta en sinónimo de terror (¿qué será lo próximo que Paula pierda u olvide?).

El aislamiento que transforma a la recién casada risueña en un espectro melancólico se asemeja a la *desolación* que Hannah Arendt define como «la experiencia fundamental [...] [de] una forma de régimen cuya esencia es el terror».[3] «La desolación no es la soledad. La soledad requiere estar solo, mientras que la desolación se revela más agudamente en compañía de los demás».[4] Cualquiera que se haya sentido solo en pareja sabe diferenciar perfectamente una soledad vital y creadora y un aislamiento mortífero.

A veces parece que en pareja somos multitud, siempre que esta pareja exprese «la existencia común y mutua de seres *diversos*».[5] Hannah Arendt da el nombre de *pluralidad* a la comunidad de seres humanos diferentes que constituye el fundamento de la política. En cambio, el agresor, que reduce la unión a una autoridad unipersonal, impide que la pluralidad se exprese. En la pareja (amorosa, amistosa, profesional...) que funciona bajo sus normas, 1 + 1 = 1. Esta es la ecuación terrorífica que en *1984* resume la privación de libertad del sujeto totalitario que se ve obligado, bajo tortura, a renegar del sentido común. 1 + 1 = 1 es también la ecuación del *gaslighting*. Cautiva de la voluntad de Gregory, Paula ha dejado de existir como ser *diferenciado*. Al aislar a su presa, al negar su singularidad, el agresor la condena al mundo despoblado del hogar que se vuelve inhabitable.

¿Se trata del caso particular de un matrimonio disfuncional? ¿No será que la vida conyugal de *Luz de gas* debe vincularse «al significado profundo de la familia, que se debe a que la organización del mundo no deja lugar alguno en su seno al individuo singular, es decir, al ser absolutamente diferente»,[6] como escribe Hannah Arendt? «Fundamos familias como viviendas y sólidas fortalezas en un mundo inhóspito y extraño, en el que deseamos introducir el parentesco».[7] Gregory representa la metamorfosis de la casa de Thornton Square, donde Paula pasa de la soledad a la desolación, en una fortaleza inhóspita y extraña. La desolación es la experiencia de un ser humano desarraigado y superfluo. «Estar desarraigado quiere decir no tener un sitio en el mundo, un sitio reconocido y garantizado por los otros; ser superfluo quiere decir no tener ninguna adscripción o pertenencia en el mundo».[8] El lugar que ocupa cada ser humano en el mundo necesita que los demás lo reconozcan o lo garanticen, para que se pueda *dar fe* de que existe. Por el contrario, el trabajo de *demolición* del agresor desemboca en un estado de desolación en el que solo es posible sentirse «abandonada por todos los demás».[9] «La soledad se puede convertir en desolación; es algo que ocurre cuando mi propio yo me abandona».[10]

¿Qué quiere decir concretamente que *mi propio yo me abandone*? «Lo que hace tan intolerable la desolación es la pérdida del yo, que, aunque puede arraigarse en la soledad, solo puede ser confirmado en su identidad por la compañía confiada y digna de confianza de mis iguales. En esta situación, el hombre pierde la confianza que tiene en sí mismo como compañero de sus pensamientos y esta confianza elemental en el mundo, necesaria para toda experiencia. El yo y el mundo, la facultad de pensar y de experimentar, se pierden al mismo tiempo».[11]

Perder el yo es perder la confianza. En uno mismo y en los demás: dos confianzas inseparables. Porque la identidad del yo, como explica Hannah Arendt al final de *Los orígenes del totalitarismo*, requiere *confirmación*. Nadie tiene identidad en ausencia de los demás. Nadie tiene identidad sin la *compañía confiada y digna de confianza de sus iguales*. No existe una «identidad humana al margen de cualquier relación con los demás».[12] Por eso, el «círculo de hierro del terror» totalitario,[13] donde «nadie es digno de confianza y no se puede confiar en nadie»,[14] implica la aniquilación del yo humano y la experiencia de la desolación.

CAPÍTULO

8

Matar el tiempo

La pérdida definitiva del yo es el objetivo existencial del *gaslighting*. Aislada en una casa cuyos habitantes tienen prohibido hablar con ella, privada de familia, vecinos, amigos, heredera de un pasado lleno de lagunas y vacíos, Paula es una presa perfecta. Gregory está decidido a sembrar «ambigüedad y duda»[1] en la mente de su esposa. Miente, roba, manipula. Es totalmente indigno de confianza. Las pocas veces que ella se resiste, la convence de que está enferma, como su difunta madre, de «histeria».

—Tu madre estaba loca. Murió en un manicomio cuando tú tenías un año. He hablado con el doctor que la atendió. Le he oído describir los síntomas.

Hacer luz de gas pasa por varias etapas. Al igual que el totalitarismo analizado por Hannah Arendt, es un «proceso implacable».[2] Tras el aislamiento viene la duda instilada en la mente de su víctima (*tu madre era extravagante...*) hasta la mentira final (*tu madre loca murió en un manicomio*). ¿Quién era esta madre tan poco presente? ¿Estaba oculta en un manicomio?

El objetivo de la operación es tomar el control de una conciencia, impidiendo que acceda a cualquier forma de verdad. Verdad objetiva: se niegan los hechos o se manipulan (la madre de Paula nunca estuvo internada). Verdad subjetiva: al perder confianza en su propia memoria, Paula acaba no sabiendo quién es su madre, a pesar de que —a diferencia de Gregory— evidentemente la conoció. Verdad compartida, que descansa en la base del diálogo y de la confianza mutua. «Hacen falta dos personas para decir la verdad: una para hablar y otra para escuchar», escribió Henry David Thoreau. No se da ninguna de estas condiciones entre Gregory, mentiroso compulsivo, y Paula, que se ve despojada progresivamente de toda confianza en el lenguaje: el suyo y el de los demás.

Lograr la pérdida de la memoria es una táctica esencial del *gaslighting*. «No mires atrás, olvídalo todo, no pienses en el pasado», repiten el tutor de Paula y su profesor de canto. «¡Olvídate de ella!», ordena Gregory a Paula, que contesta: «No, de ella no. Intentaré olvidar lo que pasó...». A menudo, Gregory pretende que ha olvidado algo, aunque ella lo recuerde. O niega las cosas, o las deforma. Cuestiona constantemente sus recuerdos, mientras que la joven, en plena posesión de sus facultades mentales, acaba dudando de ella misma.

—Haz el favor de darme el broche. Voy a llevarlo a arreglar. ¿Qué te pasa? ¿Te ocurre algo?

—Gregory, no sé dónde está.

—¿Cómo?

—Voy a vaciar el bolso. Yo lo metí aquí. No lo comprendo. ¡Debería estar aquí!

—Y estará.

—No.

—¡Oh, Paula, te lo advertí! ¿Cómo has podido perderlo?

—Lo siento, Gregory, por Dios, perdóname.

—¿Perdonar? Mujer, no tiene importancia, tenía muy poco valor.

—Para mí tenía mucho: un broche de tu madre... ¡Yo quería llevarlo siempre! Yo juraría que no abrí el bolso, pero no hay más explicación. ¿Tú lo metiste dentro?

—¿Pero tampoco te acuerdas de eso?

—Sí, claro que sí. Pero no sé por qué empiezo a dudar de mi memoria.

Este tipo de agresión encierra a la víctima en una temporalidad informe, una duración imprecisa en la que los días van pasando sin diferenciarse. ¿Qué hora es? ¿Cómo saberlo, si Gregory ha hecho desaparecer su reloj? ¿Qué hora es? ¿Cómo saberlo, con la llama del gas que va y viene? ¿A qué día estamos? ¿Cómo saberlo cuando se priva al ser humano de referencias como la actividad o el trabajo? El tiempo ha perdido sentido, pues su significado y su valor social están en la organización productiva de los días que pasan. Paula no hace nada a partir del momento de su boda. Absolutamente nada, ni siquiera dar órdenes a las criadas. *Superflua*, es decir, privada de su «pertenencia al mundo»,[3] ignora que su marido finge trabajar: afirma haber alquilado un despacho donde compone música día y noche, negándose con cualquier pretexto a enseñársela a Paula («el trabajo me absorbe»), cuando en realidad está merodeando por el desván, en busca del tesoro de Alice.

En el *gaslighting*, la realidad del pasado se cuestiona constantemente y la posibilidad del futuro es cada día más incierta. El presente se reduce a la angustiosa espera de un castigo por un crimen misterioso, o bien una recompensa que santifique una «buena conducta» igualmente incomprensible. Acostumbrada a ser castigada por delitos que no ha cometido (perder un broche, esconder un cuadro, robar un reloj...), Paula recibe «recompensas» igualmente insensatas.

El *gaslighting* sustituye la experiencia de la *sucesión* temporal —un hecho sucede a otro de acuerdo con una racionalidad que es objeto de un acuerdo tácito entre seres humanos— por una *alternancia* imprevisible de frío y calor. La víctima solo está segura de una cosa: los castigos y las recompensas acabarán cayendo sobre su cabeza. ¿En qué orden? ¿Cuándo? ¿Cómo? ¿Por qué? Lo único seguro es que, aislada del pasado, del presente, del futuro, Paula pierde el tiempo literalmente.

Tras rechazar violentamente, en nombre de su mujer y sin pedirle su opinión, la visita de la anciana vecina, Gregory dice repentinamente que, de todas formas, Paula no tendrá tiempo de recibir a nadie, pues debe cambiarse:

—Para salir esta noche.

—¿De veras? —susurra Paula con una voz débil teñida de pánico—. No me lo habías dicho... ¿O lo habré olvidado? —se preocupa totalmente desorientada.

—Paula, no seas tonta. No puedes haberlo olvidado porque no lo sabías. Es una sorpresa que quería darte. Iremos esta noche al teatro. Hace un momento decías que era cruel contigo, apartándote de la gente como una vulgar prisionera...

Entonces, Paula se disculpa una y otra vez por ese delito que no ha cometido, se pone a cantar, a bailar, sigue cantando, locamente feliz de esta *tregua*, hasta el momento en que Gregory, con voz glacial, señala la pared vacía ordenándole que describa *lo que falta*:

—Por favor, tráelo de donde lo hayas escondido y ponlo en su sitio de nuevo.

—Yo no lo he escondido, te juro que no lo he escondido. ¿Para qué iba a hacer tal cosa? ¿Para qué? No me mires así. Habrá sido otra persona.

Y llama a la cocinera para interrogarla: «Elizabeth, ¿echa algo de menos en esta habitación?», pregunta, con el tono implacable de un juez de la Inquisición que ya conoce la respuesta a la pregunta, así como su consecuencia (el castigo). Con excepción del espectador impotente al otro lado de la pantalla (gran parte de su terror y de su excitación viene de que arde en deseos de intervenir para avisar a la protagonista, como en una película de terror), nadie ve que lo único que falta en esa habitación es Paula. George Cukor subraya su desaparición excluyendo a Ingrid Bergman de la escena en la que el amo y la criada escrutan la pared vacía. «Me desvanezco», murmura Lucia di Lammermoor al morir. El *gaslighting* es un crimen perfecto. El culpable convence poco a poco a su víctima para que salga del campo, para que se ausente de la alegría, la razón, la palabra, la vida, para que se desvanezca.

Para hacerlo, recurre a la sugestión. Cuando Gregory logra eliminar cualquier vínculo racional entre dos hechos, llega el momento de infiltrar en su víctima falsos recuerdos (la madre muerta en un manicomio, el cuadro escondido) mediante la *sugestión*. La sugestión es una de las etapas de la manipulación. El *gaslighting* es una forma perversa de hipnosis. «No me mires así», suplica Paula. Se coloca las manos ante los ojos para huir de la mirada torturadora de Gregory.

El tiempo humano está sometido a la finitud (nacemos y después morimos, en ese orden), no a la magia. El tiempo humano carece de magia. Entonces, el abusador, para deslumbrar a su presa (después de haberla sumido en la oscuridad proyecta sobre ella una luz deslumbrante), recurre a los trucos de prestidigitación. Gregory hace desaparecer un broche. Gregory hace aparecer un reloj. Por arte de magia.

La segunda vez que rechaza, en su nombre, la invitación a una fiesta con el pretexto de que su mujer está enferma, Paula se rebela. Desea aceptar la invitación de una amiga de su tía que la conoció de niña. Con un vestido de raso blanco que deja al descubierto el escote, libre de la ropa oscura en la que desaparece, la *aparición* proclama con una voz por fin audible:

—Necesito salir de esta casa, hablar con gente, saber qué pasa por el mundo. Estoy resuelta a ir a esa recepción, Gregory.

—Entonces, me temo que tendrás que ir sola.

—Bueno, iré sola.

Frente a esta resistencia insólita, Gregory pierde pie y recupera *in extremis* a su presa.

—¡Paula! Paula... No sabía que esa fiesta significaba tanto para ti. Espera, voy a vestirme. (Se ríe.) ¿Es posible que hayas pensado que iba a permitirte ir sola?

—No lo sé —dice Paula dubitativa, pues no esperaba este golpe de efecto.

Así es como funciona el *gaslighting*: nunca desvela su estrategia y varía la naturaleza y el ritmo de los ataques.

—No tardo ni un minuto.

En el plano siguiente, Gregory, solo ante el espejo, desengancha el reloj de bolsillo de la cadena.

Cuando llegan a la recepción de lady Dalroy, la anfitriona recibe a la sobrina de su amiga Alice y a su marido:

—¡Usted es Paula Anton! ¿A que no se acuerda de mí?

—¿Cómo no, lady Dalroy? Fue en una fiesta infantil en la cual había un mago.

Como una flor sedienta que una mano amiga mete en un vaso de agua, la deslumbrante joven renace durante el recital, como si el fantasma de su tía cantara para ella, como si necesitara la voz de una mujer para recuperar su propia voz. George Cukor se detiene en el rostro y el escote palpitante de Ingrid Bergman, en pleno éxtasis sensual, en pleno trance sexual. Claramente incómodo por tener a su lado a una mujer muy viva (ha tenido la audacia de escapar a la trampa del esposo que la transforma en cadáver para reprocharle que esté muerta), Gregory se pone a hurgar en el bolsillo del chaleco. Charles Boyer, con las cejas fruncidas, simula asombro, fastidio e incredulidad. Ante la falta de reacción de Paula, ajena por primera vez a su presencia, susurra en voz alta: «¡Paula! ¡Paula! Me han quitado el reloj».

El rostro de Ingrid Bergman tarda unos segundos en apagarse. Lanza miradas febriles en todas direcciones, como si estuviera buscando la forma de escapar. Finalmente se rinde y baja los ojos. Su boca carnosa se frunce. Se muerde los labios. Entonces se vuelve desesperada hacia el hombre impasible que la observa con una mirada gélida. «¡No!» La voz de Paula se entrecorta. Su rostro convulso se contorsiona. Gregory pone la mano sobre el vestido de raso blanco. Su mano trepa por el muslo de Paula en un gesto obsceno.

La mano ágil atrapa la limosnera de Paula mientras ella se lleva la mano a la garganta. Se ahoga. La música también se detiene. El piano desgrana sus notas como si fueran puñetazos. Gregory, pianista fracasado, ha sido el acompañante de Alice y después de Paula. El piano se impone sobre la voz.

Gregory desliza la mano en el bolso de su mujer. Ella vuelve la cabeza, aterrorizada, y mira en el interior. Gregory saca el reloj. ¡El prestidigitador acaba de sacar un conejo del sombrero! Gregory coloca el reloj en la cadena y lanza el bolso vacío sobre el vestido de raso blanco arrugado. «¡No!», grita Paula. Su voz se convierte en un chirrido. «Te juro que no he sido yo». El grito causa un tumulto en la velada, en la que las mujeres de la alta sociedad contemplan el escándalo sin la menor compasión. «Silencio, por favor», reprime secamente la espectadora que está sentada delante. Paula rompe a sollozar. Ella, que había creído volver a la vida social, se ve excluida, como una paria. Los invitados miran con desaprobación a «la loca». ¿Se ha olvidado de que había robado el reloj? Una angustia insoportable deforma el bello rostro de Ingrid Bergman.

«Paula, trata de contener tus nervios», murmura el marido con un tono meloso e irritado. Ella solloza cada vez más, hunde el rostro en el bolso vacío, llora, gime, jadea. «Trata de contener tus nervios», repite condescendiente. La sujeta por el codo y la obliga a abandonar la reunión. «Lo siento mucho, pero la enfermedad de mi mujer suele jugarnos estas pasadas. No deberíamos haber salido esta noche, pero ella insistió tanto...»

El «recreo» de Paula empezó evocando el espectáculo de magia de su infancia. La alegría infantil hizo brillar su mirada temerosa. La magia se ha desvanecido. Ahora la esposa vive en el reinado de la magia negra y de los maleficios mediante los cuales el ilusionista hace aparecer el terror y desaparecer la alegría.

El episodio del «robo» del reloj anuncia una nueva fase. Tras el despiste (¡has perdido el broche!) y la ocultación (¡has escondido el cuadro!) el manipulador sube las apuestas. Ahora es culpable de un doble delito: robar y mentir. «¿Por qué haces estas cosas tan absurdas e incomprensibles?», le pregunta el *que sí que prepara trucos retorcidos* dirigidos a su presa inocente. La culpable imaginaria agotó sus últimas fuerzas intentando rebelarse, salir sin su carcelero, así que se tiene que rendir. Está dispuesta a confesar un crimen que no ha cometido, a aceptar la mentira, a negar su propio pasado, a reescribirlo. Sin embargo, sabe que la fábula de la herencia (todas las mujeres están locas, es algo que pasa de madres a hijas) intenta privar sus actos de razón (¿quién, salvo una loca, ocultaría un cuadro y robaría el reloj de su marido?) y sus palabras de credibilidad. Es el robo más hábil del abusador: robar el significado de la existencia de su presa.

¿Por qué confesar? ¿Por qué aceptarlo? La deshumanización del tiempo trae la pérdida progresiva de sentido. En la «casa de los horrores» el auténtico porqué de la vida conyugal (el plan criminal) permanece oculto. Para descifrar el comportamiento de Gregory, Paula tendría que estar al corriente de su móvil. Para descifrar sus actos (la alternancia irracional, es decir, *imprevisible*, de humillación y consuelo) tendría que saber que ha matado a Alice. Descifrar es investigar. Y, sin embargo, la policía ha cerrado el caso. Ha dejado de investigar. El silencio se ha adueñado de todo.

Abandonada por la sociedad (la ley no impera cuando la víctima es una mujer), por su clase (la alta sociedad que trata a la esposa como paria, mientras ensalza a su marido impostor), Paula pasa del pánico a la renuncia, de la angustia a la desolación, de la duda a la melancolía. Para llegar al crimen perfecto solo falta una etapa: destruir las palabras a través de las cuales un ser humano accede al significado. La etapa siguiente del *gaslighting* consiste en destruir el lenguaje.

CAPÍTULO 9

¡Que le corten la cabeza! (al lenguaje)

Este libro es la historia de un crimen impune. Hacer luz de gas es un asesinato del lenguaje, empezando por el de las mujeres. Este libro es la historia de un silencio. Hacer callar a la víctima es un fin en sí mismo. La cantante Alice ha muerto estrangulada. Su asesino literalmente la ha dejado sin voz. Para *silenciar* a Paula, su marido ilusionista hace desaparecer el «yo» en sus frases. Lo que ha perdido no es solo un broche, sino su condición de sujeto que le hubiera permitido proclamar: ¡la culpable no soy yo!

¿Y quién es «yo»? Cuando convence a Paula de que vuelva a vivir en la «casa de los horrores», Gregory la condena a revivir las pesadillas de su infancia. Prisionera de la temporalidad cíclica del trauma (repetición de un abuso o de un sufrimiento reprimido), la huérfana Paula se convierte en un fantasma. El *gaslighting* convierte a las víctimas en fantasmas. La película de Cukor se desarrolla en una casa encantada, como está encantado el cerebro de Paula. El espectador conoce el aspecto de Alice por el retrato. La tía difunta y su sobrina son *idénticas.* Gregory es el único que no se da cuenta de lo que se parecen. Paula es un doble.

Eso se puede entender de dos formas: Gregory se ha casado con un doble y con un fantasma, porque desde su punto de vista todas las mujeres son iguales. Las reduce a un patrimonio, es decir, a sus intereses. No siente hacia ellas la atracción irresistible que siente por sus joyas. El marido de Paula nunca la besa ni entra en su habitación. Para Gregory, las mujeres están para matarlas, robarles y convertirlas en fantasmas, como ha hecho con Alice, con Paula, pero también —no olvidemos a la mujer más invisible de la película— con su esposa legítima. El espectador solo ve en aquel matrimonio un marido ausente.

Alice Alquist ha criado a su sobrina huérfana como si fuera su madre. Paula hereda de un linaje de mujeres muertas una casa encantada, pero no una voz de oro. Paula es un doble de segunda, como si la repetición implicara una degradación. La voz de la cantante que ha actuado en los teatros de ópera del mundo entero era pública, o al menos semipública, en una sociedad victoriana que solo tolera la palabra de las mujeres en un escenario y las excluye de la arena política.

En Scotland Yard hay dos casos Alice Alquist. La policía ha cerrado el que se refiere a su asesinato. El comisario explica sin entrar en detalles que «la búsqueda de las joyas se abandonó a petición de una importante autoridad». Las joyas invisibles son la maldición original de *Luz de gas*. Son un regalo a Alice del rey de un país extranjero. Gregory se casó con la heredera para hacerse con el tesoro maldito. De esta forma, se perpetúa la tragedia de una herencia que comienza con la voz dorada de Alice y su condición de amante de un rey. De una mujer a otra, de un doble a un fantasma, se repite la misma transmisión morbosa, la misma herencia prohibida de la voz y del poder que confiere.

La clave del matrimonio de Paula está manchada de sangre: cada noche, su marido revuelve en el desván buscando el regalo real que simboliza la parcela de poder que los hombres poderosos transmiten a las cantantes, a las actrices, a las cortesanas, a sus amantes. La muestra de admiración del rey a la artista tiene un valor tan ilusorio como el poder que las mujeres ejercen en el dormitorio, una tradición tenaz que ensalza a las mujeres con el fin de cerrarles la puerta de los verdaderos centros de decisión, que están muy lejos del espacio doméstico.

El rey ha regalado a la cantante un simulacro de poder y de riqueza. El amante de Alice se entrega con ella a un número de prestidigitación similar al de Gregory. Obligada a ocultar su relación clandestina, Alice cose las joyas en un traje de su vestuario escénico, con el fin de poderlas llevar sin que se vean. ¿Qué valor tiene un símbolo de poder que no se puede mostrar? ¿Una muestra de riqueza que no se puede monetizar? El comisario de policía encargado de sepultar la investigación precisa que son joyas imposibles de vender. En el vestido de la cantante, los diamantes auténticos y centelleantes se reflejan en el brillo vulgar del *strass*; el aura de la estrella se apaga; el disfrute del regalo real, imposible de transformar en dinero, es decir, en libertad concreta, se evapora. El vestuario escénico revela la ambigüedad (el doble vínculo) de una voz de mujer que expresa el poder con su canto mientras está condenada al secreto y al silencio. La muerte de Alice Alquist es muy real. Sin embargo, los representantes de la ley, al cerrar el caso, la condenan al olvido.

En el único paseo que Gregory concede a su mujer, la lleva a visitar la cámara de las torturas de la Torre de Londres. Mientras el guía describe prolijamente el lugar en el que los condenados a muerte apoyaban la cabeza antes de ser decapitados, la cámara se centra en Paula, que rebusca febrilmente en el bolso, intentando encontrar la «joya de familia» de Gregory, el famoso broche capaz de aparecer y desaparecer. «Las joyas son algo extraordinario. Todas tienen vida propia», dice Gregory extasiado ante las joyas de la Corona. Las piedras preciosas ejercen sobre él una atracción sexual. En su mirada hipnotizada, las joyas existen, pero su mujer no.

La confesión de Paula (el broche ha desaparecido de su bolso) es totalmente incoherente. La joven tan parlanchina parece ser incapaz de terminar una frase. «Yo juraría que no abrí el bolso..., pero no hay más explicación...» Sus palabras están llenas de ausencias.

Se suceden frases adversativas («pero...»), suposiciones («yo juraría...», «tuvo que...»).

Pierde el hilo y el sentido de lo que dice frente al maestro de la persuasión y el doble sentido. Mientras tanto, Gregory compensa un reproche con una sonrisa, una mirada glacial con una palabra amable. La inquieta haciendo ver que la tranquiliza («Vamos, no te preocupes»). Utiliza la forma interrogativa («¿Ocurre algo?») cuando él mismo ha creado una situación sobre la que parece ignorarlo todo. Cuando Paula reconoce que está perdiendo la memoria —por cansancio, confusión, pánico—, bruscamente cambia de tema y corta de cuajo cualquier simulacro de diálogo.

Reduce a la mujer al estado de *infans*. Etimológicamente, el niño no habla, no sabe manifestar su pensamiento con la palabra. El niño está privado de pensamiento y de lenguaje. La niña es una mujer cuya capacidad de lenguaje se ha evaporado. «¡A mí me habría gustado verla!», balbucea Paula, suplicando a su marido que acepte la visita de la vecina. «¿Entonces por qué no has dicho nada?» «Porque no hubiera podido delante de esa chica». El matrimonio ha convertido a Paula en una menor privada de su autonomía. Tiene miedo de las criadas, a las que el señor de la casa se dirige como si la señora, presente en la habitación, no existiera. El matrimonio ha convertido a Paula en una mujer invisible. «Oh, debes vencer ese ridículo temor a las criadas. Si tanto deseabas verla, bastaba con que hubieras dicho: dígale que suba. Solo eso».

Este es el razonamiento del abusador:

Te prohíbo que hables.

No dices nada.

No tienes nada que decir. ¡Como queríamos demostrar!

Gregory habla de Paula en tercera persona, en su presencia, para tomar decisiones en su lugar, como si ella estuviera privada de habla y de personalidad jurídica, como si la mujer mayor de edad fuera una menor. La convierte simultáneamente en un ser invisible y mudo. ¡Puf! Se desvaneció. Hacer desaparecer a su mujer es sin duda su mejor número de prestidigitación.

Una vez que la víctima está encadenada por los mensajes contradictorios que constituyen su universo, cualquier elemento puede provocar un ataque de pánico, explica Gregory Bateson sobre el tema del doble vínculo. Una vez que el marido se ha apoderado enteramente de su universo mental, cualquiera de sus representantes (las criadas, por ejemplo) ejerce sobre ella el mismo poder y la reduce a la autocensura y al silencio.

En ausencia de Gregory, por mucho que intente salir de la casa, no lo consigue. Un hermoso día de sol abre la puerta, se queda un rato en el porche sin atreverse a bajar los escalones y, de repente, se da la vuelta y llama al timbre. Esta situación absurda se repite con tanta frecuencia que la anciana vecina con alma de detective lo reconoce como un indicio.

La vecina explica preocupada al joven policía que conoció en su juventud a Alice Alquist[1] que lo que pasa en esa casa es realmente muy raro.

—¿Por qué le parecen misteriosos?

—No reciben visitas, no salen nunca... Sobre todo ella.

—No está bien informada —dice el hombre perplejo, observando a Paula *fuera*, en el porche.

En ese instante, la doncella abre la puerta.

—Tengo intención de dar un paseo, pero como está nublado (el cielo está completamente azul) he vuelto a recoger mi paraguas —se justifica Paula.

—Si cuando vuelva el señor me pregunta dónde ha ido, ¿qué le digo?

(Paula no dice nada, está pensando. Busca una respuesta a la pregunta que demuestra que la criada tiene el control sobre su ama.)

—Sencillamente eso, a dar un paseo.

—Pero ¿sola, señora? (Tono acusador.)

—Claro, ¿por qué no?

—Imagine que me pregunta *dónde.*

(Paula entra en pánico.)

—Pues le dice usted que no sabe...

Y, sin una palabra más, se precipita dentro de la casa y sube corriendo la escalera para meterse en su habitación. La puerta se cierra.

—Sí, señor: ni una sola palabra. Entra, sale, vuelve a salir... Es una cabezota. Y no digamos la nueva doncella: le aseguro que es de lo más raro.

Raro (*odd*): la detective aficionada, una anciana pizpireta que maneja perfectamente el lenguaje, ha elegido la palabra más adecuada. Paula, la mujer racional, se ve empujada a un comportamiento absurdo. Es imposible justificar un comportamiento absurdo, así que Paula se avergüenza. La vergüenza es la primera etapa de la autocensura a la que conduce el *gaslighting*. La víctima tiene vergüenza de su cautividad inexplicable (¿qué le impide salir?). Es incapaz de contar lo que le pasa, ni siquiera disociándose de ella misma. Como no dice nada, caso cerrado, no hay nada que comprender. La autocensura conduce a la necrosis del movimiento vital (la reclusión en la habitación a oscuras) y a la afasia. Cuando la víctima interioriza la autocensura, acaba practicando la hipnosis sobre ella misma: se hace a sí misma luz de gas. Es una de las bases de la sumisión.

El *gaslighting* descansa en una dialéctica perversa de la presencia y de la ausencia. Un nuevo truco de prestidigitación: *la presencia de la mujer se transforma en ausencia; la ausencia del hombre se transforma en presencia.* El marido hace que la mujer esté ausente en su presencia. «¿Por qué no has dicho nada?» La mujer hace que el marido esté presente en su ausencia. «¿Qué le digo?» El agresor vampiriza los pensamientos, los actos, las palabras de la víctima. La hipnosis se completa cuando la víctima, en ausencia del agresor, sigue obedeciéndole en forma de autohipnosis. Una vez que Paula ha integrado plenamente la autocensura de sus actos, que se ha convencido totalmente de que no puede o no debe salir de casa —viene a ser lo mismo—, la censura llega al lenguaje. El círculo de hierro del terror totalitario se está cerrando sobre ella. Solo falta que se quede muda, *que se corte la lengua* para que su voz no pueda dar testimonio de lo que está pasando, para que no lo pueda decir, ni siquiera *para ella misma.*

«¿Qué le digo?» Una mujer apoya la cabeza en el cadalso de la Torre de Londres. Su lenguaje ha sido decapitado. Sus frases han perdido contenido, sentido, intención y significado. También ha perdido el *sentido común*, sin el que es imposible hablar. Porque el lenguaje es, como mínimo, cosa de dos, dos interlocutores que han aceptado las mismas reglas. Nadie, ni siquiera en la soledad más absoluta, habla solo. Nuestro lenguaje humano se *dirige* a alguien. Una vez que Paula ha quedado totalmente aislada, desorientada por esa pérdida de sí misma que es la desolación, apenas consigue balbucear fragmentos de frases, sin destinatario, sin pies ni cabeza.

El *gaslighting* priva al lenguaje de sentido común, que es la condición primordial de la *confianza* que concedemos a nuestra propia experiencia y a la de terceros. «Solo porque tenemos sentido común, es decir, solo porque la Tierra no está habitada por un hombre, sino por los hombres, podemos confiar en nuestra experiencia sensible inmediata».[2] ¿Cómo confiar en objetos que aparecen y desaparecen, en lámparas de gas que se encienden y se apagan misteriosamente, en una casa cuya puerta es imposible cruzar por muy abierta que esté?

Paula no es solo un doble de su tía Alice. También es la pequeña Alicia de Lewis Carroll, aturdida por la «lógica» enloquecedora del País de las Maravillas.

> ¡Dios mío, Dios mío! ¡Qué raro es todo lo que me está pasando hoy! Ayer, en cambio, las cosas eran la mar de normales. ¿Habré cambiado yo por la noche? Vamos a ver: ¿era la misma al levantarme esta mañana? Casi me parece recordar que me sentía un poco distinta.

> Pero, si no soy la misma, la siguiente pregunta es: ¿quién caracoles soy? ¡Ah, ese es el gran enigma![3]

En el País de las Maravillas, Alicia no es *nadie* sin las palabras que usa. Cambia de personalidad dependiendo de la persona con la que esté, criaturas de un país cuyo carácter bizarro se debe a que cada uno de sus habitantes usa el lenguaje a su manera (inventando palabras) o, mucho peor, *para su propio beneficio*. ¿Puede transformarse el lenguaje en un juego cuyas reglas dicta solo uno de los jugadores, reduciendo al resto a la obediencia muda, al miedo (de equivocarse), a la vergüenza (de no entender nada)? Un juego donde las reglas están dictadas de forma autoritaria por el capricho de una única parte es la definición misma del poder arbitrario. Humpty Dumpty también hace luz de gas, y no le da vergüenza.

Al otro lado del espejo, Alicia encuentra un huevo que crece y crece hasta adquirir aspecto humano. Reconoce en él a Humpty Dumpty, personaje de un famoso poema inglés para niños. Exasperado al verse comparado con un huevo, el huevo en cuestión humilla a Alicia: «¡Alguna gente tiene menos sentido que un niño de pañales!»[4] Le parece que su nombre es estúpido, que sus preguntas son demasiado simples. El huevo debe su estilo presuntuoso a la suerte que ha tenido de poder mezclar sus palabras con las del poder supremo: «Aquí donde me ves, he hablado con un Rey, nada menos; puede que no vuelvas a ver a nadie más que lo haya hecho».[5]

Humpty Dumpty reina sobre el lenguaje. Pone a las palabras en su sitio. Decide sobre su uso. Lo que es *arbitrario* no es el uso en sí, sino que nace de la autoridad real, gracias a la cual Humpty Dumpty puede organizar las cosas a su manera, sin consultar con nadie y burlándose sin contemplaciones de que este uso (único) sea o no comprendido y admitido. Tomemos por ejemplo la palabra *gloria*.

> —No sé qué entiende por *gloria* —dijo Alicia.
>
> Humpty Dumpty sonrió desdeñosamente.

—Naturalmente que no... hasta que yo te lo diga. [...] Cuando yo empleo una palabra significa exactamente lo que yo quiero que signifique: ni más ni menos. [...] *La cuestión es quién manda; nada más.*[6]

De esta forma, la lógica genial de Lewis Carroll nos ayuda a desenmascarar la lógica de poder del *gaslighting.* «Con los adjetivos se puede hacer lo que sea, pero con los verbos... Sin embargo, yo puedo manejar todas las palabras!»,[7] prosigue Humpty Dumpty en la cima de la autosatisfacción. ¿Qué ocurre cuando una palabra se cansa de soportar el peso de sus numerosos y contradictorios significados?, se pregunta legítimamente Alicia. «Cuando yo hago trabajar a una palabra de esa manera, le doy paga extra»,[8] replica Humpty Dumpty, claro apóstol de la economía liberal.

—¡Oh! —dijo Alicia. Estaba demasiado desconcertada para hacer ningún otro comentario.

—¡Ah, deberías verlas apiñarse a mi alrededor los sábados por la tarde —prosiguió Humpty Dumpty, meneando la cabeza gravemente de un lado a otro—, para cobrar, naturalmente!

(Alicia no se atrevió a preguntar con qué les pagaba, así que no os lo puedo decir.)[9]

Es probable que el monarca que está al mando del lenguaje pague esta sobrecarga de trabajo... de las palabras. Es el enésimo truco de prestidigitación que podemos asignar a la lógica circular del *gaslighting.* Si las palabras se quejan al jefe porque no han cobrado, siempre les podrá decir que se gastan demasiado deprisa un sueldo que nunca ha llegado a sus manos. Alicia lo entiende enseguida, no se deja avasallar fácilmente. Cuando la reina de corazones amenaza con cortarle la cabeza, recuerda que los soldados que tiene a sus órdenes solo son cartas de la baraja.

A medida que avanza por las etapas sucesivas de la infancia, Alicia adquiere la capacidad de dudar que va unida al lenguaje.

Empieza dudando *de sí misma* (¿existo?), hasta el punto de ponerse a pensar en todas las niñas de su edad que conoce para saber si no se habrá convertido en una de ellas (¿soy el doble de alguien? ¿soy un fantasma?).

> —Que el jurado considere su veredicto —dijo el Rey, por vigésima vez lo menos en ese día.
>
> —¡No, no! —dijo la Reina—. Primero, la sentencia; el veredicto después.
>
> —¡Qué tontería! —exclamó Alicia en voz alta—. ¡Dictar primero la sentencia![10]

Y acaba manifestando su desacuerdo *en voz alta.* La cuestión no es solo quién manda. Alicia argumenta. Ha perdido la voz compungida[11] de la «pobre Alicia»,[12] desorientada y preocupada a su llegada al País de las Maravillas. Ahora manifiesta espíritu crítico, insolencia, ironía. Está salvada.[13] Ningún rey podrá someterla a la lógica del esclavo que es el germen de la locura. Ninguna reina le cortará la cabeza. Ningún huevo la convencerá de que razona como un niño de pecho sin pizca de sentido común, ella sabe lo que es el sentido común y se aferra a él. Y si la duquesa intenta que se sume a su moral sin sentido, Alicia responderá volviendo contra su interlocutora el sinsentido al que recurre para asumir el poder sobre las palabras: «Solo que la mostaza no es ningún pájaro».[14] Y ¡puf!, se desvanece. La ironía de Alicia es el arma definitiva contra la destrucción del lenguaje, que es una de las características del *gaslighting*.

CAPÍTULO 10

La voz descalificada

Hacer luz de gas es una estrategia (una tragedia) que busca reducir a la mujer al silencio, destruyendo las palabras y los pensamientos que salen de su boca, pero también ahogando su voz. No es casual que las dos protagonistas de *Luz de gas* sean cantantes. Gregory estranguló a Alice, neutralizando así sus cuerdas vocales; poco a poco reduce la potencia sonora de Paula al silencio, como lámparas manipuladas hasta su extinción. Cantar no es solo una metáfora de las opciones que tiene una mujer que quiere expresarse libremente. Es la manifestación orgánica concreta de los sonidos que, desde la cavidad bucal, emite todo su cuerpo.

¿Por qué siente el agresor la necesidad irresistible de impedir que una mujer emita sonidos? ¿Por qué la voz femenina *le resulta insoportable*? Es una historia que viene de lejos. Las genealogías del silencio y la exclusión social de las mujeres no la suelen mencionar. El sonido depende del género, como explica la poeta y helenista Anne Carson: «Cerrar con una puerta la boca de la mujer ha sido un proyecto crucial de la cultura patriarcal desde la Antigüedad hasta nuestros días. Su principal táctica es una ideología que asocia el sonido femenino con la monstruosidad, el desorden y la muerte».[1]

Aristóteles fue el primero en teorizar, en su *Tratado sobre la reproducción de los animales*, que la voz aguda de una mujer *demues-*

tra su inferioridad e impotencia: «En los demás géneros la hembra tiene la voz más aguda que el macho (esto es especialmente manifiesto en los seres humanos, pues sobre todo a ellos la naturaleza les ha concedido esta facultad ya que son los únicos animales que se sirven de la palabra, y la voz es la materia de la palabra)».[2]

Aristóteles postulaba la superioridad de los tonos y voces graves sobre los agudos. «La voz grave parece propia de una naturaleza más noble y en los cantos el grave es mejor que los agudos; pues lo mejor está en la superioridad y el tono grave supone cierta superioridad».[3] La inferioridad de la voz femenina aguda se debe a su *impotencia*: «Así pues, la mayoría de los jóvenes y de las hembras tienen la voz aguda porque por su debilidad mueven poco aire». Esta impotencia se explica por la lentitud con la que se produce:

> Todos los animales castrados experimentan cambios de carácter femenino, y como su fuerza muscular se relaja en su principio, emiten una voz similar a la de las hembras. La relajación resulta más o menos lo mismo que si se tensa una cuerda y se la deja tirante por colgar de ella un peso, como de hecho hacen las tejedoras en los telares; pues también ellas tensan la urdimbre atando los llamados pesos del telar. De la misma forma, los testículos están ligados a los conductos seminales, que vienen del vaso sanguíneo cuyo principio está en el corazón, junto a la parte que pone en movimiento la voz.[4]

La teoría aristotélica descalifica la voz femenina. Por su tonalidad aguda y estridente, se desvía del ideal del control que rige la esfera pública. La voz de la mujer es una desviación, lo que *justifica* que se las prive del poder. En cambio, se atribuye autoridad a la voz grave, lo que destina al hombre a la declamación y la decisión. Anne Carson lo explica:

> Una voz aguda, acompañada de charloteo, caracteriza a una persona desviada o deficiente en relación con el ideal masculino de auto-

control. Las mujeres, los jóvenes homosexuales mantenidos por hombres mayores, los eunucos y los andróginos entran en esta categoría. Los sonidos que emiten son desagradables de oír e incomodan a los hombres. ¿Hasta qué punto incomodan? Hasta el punto de que Aristóteles está dispuesto a explicar el género del sonido en términos fisiológicos; llega a atribuir el tono más grave de la voz masculina a la tensión ejercida sobre las cuerdas vocales masculinas por sus testículos que actúan como pesas de telar.[5]

En la Antigüedad griega y romana, las normas sociales estaban legitimadas por la anatomía. Los médicos recomiendan ejercicios vocales a los hombres, ya que «para la fisonomía masculina, la práctica vocal se consideraba un medio eficaz de restaurar el cuerpo y la mente, al rebajar la voz a tonos convenientemente viriles».[6]

La *descalificación vocal* de las mujeres conduce a su *discriminación social*. La Antigüedad asociaba el *género vocal* a *cualidades morales*. La historiadora Mary Beard ha mostrado que:

> Si recorremos la literatura antigua, encontraremos un reiterado énfasis sobre la autoridad de la voz grave masculina en contraste con la femenina. Un antiguo tratado científico enuncia de forma explícita: una voz grave indica coraje viril, mientras que una voz aguda es indicativa de cobardía femenina. Otros autores clásicos insistían en que el tono y timbre del habla de las mujeres amenazaban con subvertir no solo la voz del orador masculino, sino también la estabilidad social y política, la salud, del Estado. En una ocasión, un orador e intelectual del siglo II d. C. con el nombre revelador de Dion Crisóstomo, que significa literalmente Dion «Boca de Oro», pidió a su audiencia que imaginase una situación en la que «una comunidad entera se viera afectada por una extraña dolencia: que, repentinamente, todos los hombres tuvieran voces femeninas, y ningún varón —niño o adulto— pudiera hablar de manera viril. ¿No sería esta una situación terrible y más difícil de soportar que cualquier otra plaga?

No me cabe duda de que enviarían una delegación a un santuario para consultar a los dioses y tratar de propiciar el favor divino con numerosas dádivas». No era ninguna broma.[7]

La teoría aristotélica tampoco es ninguna broma. La analogía entre los pesos del telar y los testículos va mucho más allá de una mera elucubración (sin ánimo de ofender a Aristóteles), como diría la protagonista de *Una rubia muy legal*,[8] y ha inspirado la tradición del habla sexuada que hemos heredado. Baste pensar en las mujeres dedicadas a la política que deben contratar a un especialista para lograr hablar con una voz más grave[9] (lo que no impidió a Margaret Thatcher cargar con el mote de *Attila the Hen,* o «la gallina Atila») para ser conscientes de que «para muchos, ciertos aspectos de este tradicional bagaje de criterios acerca de la ineptitud de las mujeres para hablar en público —un bagaje que, en lo esencial, se remonta a dos milenios atrás— todavía subyacen en algunos de nuestros supuestos sobre la voz femenina en público y la incomodidad que esta genera».[10]

¿Cuáles son esos sonidos insoportables que escupe la boca de las mujeres? Hay una larga lista de heroínas de la Antigüedad calificadas de locas, furias, brujas, bichos raros, cuando hacen oír su voz públicamente.

Por ejemplo, tenemos el gemido de la Gorgona que hiela la sangre. Su nombre viene de la palabra sánscrita *garg*, que significa «un aullido animal gutural que sale, como un huracán, del fondo de la garganta con la boca muy abierta». Tenemos las voces atrozmente agudas de las furias que Esquilo compara en *Las Euménides* con los aullidos de los perros o con los gemidos de los torturados en el Infierno. Tenemos la voz mortífera de las sirenas y la peligrosa ventriloquía de Helena en la *Odisea,* o el increíble charloteo de Casandra (Esquilo, *Agamenón*) y también la temible algarabía de Artemisa cazando por el bosque. Tenemos el discurso seductor de Afrodita, un aspecto tan

> concreto de su poder que puede llevarlo en la cintura, como si fuera un objeto físico, o prestárselo a otras mujeres, como en la *Ilíada.* [...] Tenemos el charloteo hechicero de la ninfa Eco [...] a la que Sófocles describe como «la muchacha que no tiene puerta en la boca» (*Filoctetes*).[11]

¿Por qué las citamos a todas? Porque estas heroínas trágicas siguen presentes en la vida política contemporánea, como podemos ver en los numerosos memes misóginos a partir de la cabeza de Medusa de Caravaggio, con Angela Merkel (primera mujer canciller en Alemania) y Hillary Clinton (candidata contra Donald Trump), con serpientes en lugar de cabello, la boca abierta de par en par, dejando escapar sonidos y emociones incontrolables (aullidos, llanto, lamentos, gemidos obscenos de placer o dolor). ¿Quizá el cráneo de la mujer es el otro orificio por el que brota la voz incontrolable de su cabello?

Es la lección de *gaslighting* que padeció Britney Spears, prisionera durante trece años de una tutela de nombre políticamente evocador: *conservatorship.* Este «conservadurismo» establecido por el padre (sin oficio conocido) de la cantante permitió a la estructura patriarcal legal aprovecharse de su inmensa fortuna con el pretexto de su «locura», privándola del derecho al disfrute autónomo de los ingresos generados por su trabajo y a disponer libremente de su cuerpo.[12] El 16 de febrero de 2007, Britney Spears entró en una peluquería. Cuando la peluquera se negó a afeitarla, cogió una maquinilla y se afeitó la cabeza ante los setenta fotógrafos presentes. «No quiero que nadie vuelva a tocar mi cabello. Nadie nunca más. No soporto que toda esta gente me toque el pelo».[13] La piel es el pergamino en el que se escribe el relato de las mujeres sin voz. Mostrar su cráneo (y los tatuajes que se había hecho) era un mensaje de rebeldía de una cantante que empezó su carrera de niña y a la que la infraestructura misógina del espectáculo no permitió alcanzar la mayoría de edad, pues la curatela la privó de sus derechos. Britney Spears encarna el prototipo de la «cantante loca» agredida por el patriarcado de Hollywood, como ocurrió con la primera estrella infantil, Judy Garland, una cantante con «boca de oro» a la que el sistema de los estudios había encerrado para desintoxicarla de los medicamentos que los médicos a las órdenes de los estudios le inyectaban, haciéndolos pasar por vitaminas («Creo que estás un poco cansada...»), ocultando a la niña que el objetivo era obligarla a adaptarse al ritmo inhumano de la explotación. *Now get to work, bitch!*

El flujo verbal femenino es una efusión que hay que restañar o canalizar. «Como si todo el género femenino fuera una especie de mal recuerdo colectivo de cosas innombrables, el orden patriarcal, como un psicoanalista bienintencionado, aparentemente asume que su responsabilidad terapéutica es canalizar este sonido inadecuado en contenedores apropiados...»[14] En la Antigüedad, la incontinencia verbal femenina se oponía a «la virtud masculina de *sophrosyne* ('prudencia', 'sabiduría', 'moderación', 'templanza', 'autocontrol'), que era la base del pensamiento patriarcal en ámbitos éticos o emocionales».[15] La mujer está desprovista de moderación. Es *demasiado* (habladora, emotiva, ruidosa, descontrolada...) o *demasiado poco* (sensata, prudente, controlada, silenciosa). Al igual que Lucia di Lammermoor, la mujer se desvanece, desprovista de autocontrol, autoridad, poder, razón.

En resumen, «el silencio es el cosmos de las mujeres»,[16] concluye Sófocles. (Esta frase de *Áyax* se traduce a menudo como «El silencio es el adorno [más bello] de las mujeres», como si guardar silencio fuera el toque final para perfeccionar la aplicación del pintalabios). En el mundo antiguo, no es solo el atributo de heroínas trágicas o mitológicas, como Penélope, a quien su hijo Telémaco ordena volver a sus aposentos, porque «hablar es cosa de hombres, de todos los hombres, pero especialmente de mí, que ostento el poder en esta casa».[17] Inspira el arsenal legislativo de la Grecia preclásica y clásica. En el siglo VI a. C., las leyes de Solón pretendían «regular el ruido femenino».[18] En sus *Vidas paralelas* (siglo II d. C.), Plutarco explica que Solón:

> [...] dedicó asimismo a las salidas de las mujeres, a los duelos y a las fiestas una ley que suprimía la falta de decoro y el desenfreno. [...] Puso coto a las heridas que se producían al golpearse, a los lamentos fingidos y a la costumbre de llorar a otro en los entierros de personas ajenas. [...] De estas prohibiciones, la mayoría todavía están vigentes en nuestras leyes. En estas se añade que por los ginecónomos sean castigados los que hagan tales cosas, por entregarse a las aflicciones y desatinos de los duelos, indignos de hombres y propios de mujeres.[19]

En la cultura antigua, las mujeres eran la alteridad malvada del lenguaje. Si hubiera que distinguir filosóficamente el *sonido* del *logos*, la monstruosidad de su *voz* condena su *discurso* caótico. Su palabra es una *efusión* sin orden, moderación o pudor. Las leyes de Solón prohibían a las mujeres cantar en los entierros, censuraron la expresión de la pena en el rostro. ¿Por qué una mujer que habla y canta en público carece de pudor? ¿Por qué escribe Plutarco que «ante los extranjeros, de la misma forma que no se permite quitarse la ropa, una mujer debe privarse de exponer su voz»?[20]

Despojar a la voz femenina de su autoridad no basta para silenciarla *por completo*. Su incontrolable flujo verbal es *en sí mismo* una amenaza social, porque:

> [...] la mujer es la criatura que saca el interior al exterior. [...] Cada sonido que produce es en cierta forma una autobiografía. Su interior es totalmente privado, pero su trayectoria es pública. Un fragmento del interior proyectado sobre el exterior. El cometido de la cultura patriarcal, que (como hemos visto) divide a la humanidad en dos especies: los que pueden autocensurarse y los que no, es censurar estas proyecciones.[21]

El carácter licencioso (espantoso, repulsivo, monstruoso, obsceno) del habla de las mujeres se basa en una creencia: una mujer que habla activa *sus dos bocas* simultáneamente. «Es un axioma de la teoría médica y de los debates anatómicos de las antiguas Grecia y Roma que la mujer tiene dos bocas. [...] Ambas bocas dan acceso a una cavidad vacía, custodiada por labios que es mejor mantener cerrados».[22] La boca y el útero, los labios superiores e inferiores se apresuran a escupir sus efusiones al mismo tiempo, la incontinencia verbal y la falta de control sexual se fusionan. ¿Es necesario señalar que este fantasioso criterio anatómico, ilustrado por antiguos amuletos médicos que representan un útero provisto de una cerradura, no se aplica a los hombres? «La *sophrosyne,* virtud masculina del autocontrol, pretende obstruir esta continuidad, disociar la superficie exterior de un hombre de lo que sucede en su interior. El hombre rompe la continuidad interponiendo el *logos*».[23]

Luz de gas es la historia de un linaje de cantantes cuya voz es sofocada por un hombre. Ese hombre las reduce al silencio en su interior. Reduce su interior al silencio. Cuanto más resuena la casa de Paula con ruidos misteriosos (los pasos de Gregory en el desván la sobresaltan, como si oyera un *poltergeist*), más se encoge su ego (el ego que es nuestro hogar primigenio), más se atrofian sus pensamientos, más se le cierra la boca. Gregory pone un candado en la doble boca de Paula. Rechaza su sensualidad tanto como sus palabras. (También pone un candado en la puerta del desván para ocultar sus intrusiones.) La casa encantada es el cerebro, el cuerpo, el ego, las dos bocas de una mujer, paralizadas por el amo invisible de los relojes y las lámparas. El *gaslighting* se infiltra en un individuo, un hogar, una pareja, una relación, un espacio (conyugal, doméstico, profesional) sin testigos.

Paula llega a creer que el enemigo está *en* su cerebro, que es una «histérica», malvada y loca. El agresor la convence fácilmente de que el problema está dentro de ella (en su cuerpo cansado, su falta de memoria, su mente retorcida, la locura heredada de su madre), que sus entrañas están enfermas. ¿Por qué funciona la sugestión? Porque la fábula del marido no es una novedad. Este esquema de *gaslighting* no data de la época victoriana en la que se ambienta la película. Hace aflorar los antiguos mitos que bestializan la palabra de las mujeres; las disquisiciones anatómicas que justifican «científicamente» su relegación; el veto impuesto sobre su libertad de expresión; la censura de sus emociones y sus cantos.

El *gaslighting* es una transmisión. Toda censura ancestral también se fosiliza en autocensura. Los seres humanos tienen más facilidad para asumir (¿mecánicamente?) un cuento viejo como el mundo, una tradición familiar, una injusticia con una pátina de antigüedad que le da la apariencia de un hogar venerable, aunque detrás de la puerta se amontonen cadáveres de mujeres. Tras la puerta del domicilio conyugal en Thornton Square, la esposa guarda silencio. El marido habla en su nombre y en su lugar. ¿Es el matrimonio una conversación?

ACTO 2

Escuchar a Helena

HELENA. ¿Y tú quién eres? Te devuelvo la misma pregunta.

EURÍPIDES, *Helena*, 558,
trad. Carlos García Gual

CAPÍTULO 11

El «verdadero matrimonio»

¿Qué es un «verdadero matrimonio», en nombre del cual la protagonista de *Casa de muñecas* de Henrik Ibsen acaba abandonando a Helmer, su marido, que se ha convertido en un extraño para ella?

> HELMER. Piensas y hablas como una niña boba.
>
> NORA. Puede ser. Pero tú ni piensas ni hablas como el hombre al que puedo unirme. [...] De nuevo era tu pequeña alondra, tu muñeca, igual que antes. Solo que pensabas tenerme entre algodones, poner el doble de cuidado, puesto que yo era tan frágil y tan delicada... *(Se levanta.)* Torvald, en ese momento he comprendido que durante ocho años he vivido y he tenido tres hijos con un hombre al que no conocía... ¡Y no lo soporto! Me desgarraría en pedazos.
>
> HELMER *(pesadamente)*. Lo entiendo, lo entiendo. Sin duda, se ha abierto un abismo entre nosotros... Pero, Nora, ¿no podríamos superarlo?
>
> NORA. Tal como soy ahora, no soy esposa para ti.
>
> HELMER. Yo tengo la fuerza para hacerme otro.
>
> NORA. Quizá... si te quitan la muñeca.
>
> HELMER. ¡Separarme...! ¡Separarme de ti! No, Nora, no me cabe en la cabeza.

NORA *(saliendo por la habitación de la derecha)*. Con más razón, así ha de ser.

Regresa con su ropa de abrigo y un pequeño bolso que deja en la silla junto a la mesa.

[...]

NORA. Adiós, Torvald. No quiero ver a los pequeños. Sé que están en mejores manos que las mías. En este estado, no puedo ser nada para ellos.

HELMER. Pero eres mi mujer, ahora y en el futuro.

NORA. Escucha, Torvald. Cuando una esposa abandona la casa de su marido, como hago yo ahora, tengo entendido que la ley libera al varón de todas sus obligaciones. No debes sentirte atado por nada, al igual que yo. Tiene que haber libertad total por ambas partes. Mira, aquí te devuelvo tu anillo. Dame el mío.

[...]

HELMER. Nora, ¿nunca seré más que un desconocido para ti?

NORA *(cogiendo su bolso)*. Ay, Torvald, para eso tendría que suceder lo más maravilloso.

HELMER. ¡Nómbrame eso tan maravilloso!

[...]

NORA. Que nuestra vida común pudiera ser un auténtico matrimonio. Adiós.[1]

Maravilloso es una palabra profundamente conmovedora cuando la pronuncia una esposa decepcionada. Nora al final de *Casa de muñecas*, Katherine (Ingrid Bergman) al final de *Te querré siempre*[2] de Roberto Rossellini. Lo maravilloso es la derrota del «amor propio masculino».[3] Abandonando la etiqueta de «loca»,[4] prendada de todos sus estallidos de vida y alegría: sonriendo, cantando, bailando como Nora; llorando ante la lectura de un poema como Katherine. Poniendo fin a la denigración que la abandona «al oprobio y la vergüenza»[5] y despoja a la criatura «decepcionante»[6] de su único territorio, la maternidad:

HELMER. Casi todos los que se descarrían a temprana edad han tenido madres mentirosas.
NORA. ¿Y por qué solo... madres?[7]

Lo maravilloso es el nacimiento de una vida *común* que respeta la libertad de ambos. «Libertad total por ambas partes», dice Nora, cuando comprende que la vida conyugal le da *derecho* a esperar un milagro: el advenimiento de una libertad igual a la de su marido. En este instante, la esposa que «piensa y habla como una niña boba» presiente que la esfera «privada» del matrimonio (¿privada de qué?) y la esfera pública (mundo del trabajo y de las asambleas en las que se deciden las leyes que rigen la existencia de Nora y de sus semejantes) comparten un mismo horizonte.

Hannah Arendt define la naturaleza de este horizonte de la espera:

> Si el sentido de la política es la libertad, eso quiere decir que tenemos derecho, en este espacio y en ningún otro, a esperar milagros. No porque creamos en los milagros, sino porque las personas, siempre que sean capaces de actuar, son capaces de conseguir y consiguen constantemente, lo sepan o no, lo improbable y lo incalculable.[8]

Eso tan maravilloso que un ser humano puede esperar es el advenimiento de la libertad, empezando por la propia. En la casa de muñecas que la mantiene cautiva, Nora no tiene *derecho a* la esperanza. El *gaslighting* impide al ser humano creer en la maravilla de la libertad. Por esta razón, Nora huye, buscando el «verdadero matrimonio» en el que la libertad se concrete en una «verdadera conversación» entre dos personas que mantienen una relación de igualdad.[9]

Para su marido, el diálogo consiste en escuchar distraídamente. Pronto interrumpe sus demandas con burlas condescendientes.[10] Dice «cosas horribles» y se apresura a negar que sean sádicas, como

Gregory, que la mantiene en vilo con sus bromas de pacotilla: «HELMER. Vamos, vamos, es broma».[11]

La entierra en una serie de apodos que literalmente la *disminuyen*: «alondra que arrastra las alas»,[12] «ardillita»,[13] «cabecilla de chorlito»,[14] «golosilla».[15] Nathalie Sarraute consagra un capítulo deslumbrante de *L'Usage de la parole* a la aparición imprevista de la denominación *pequeña* en una «plácida conversación»:[16] «La persona a la que está destinada la recibe como una ligera descarga... o si aceptamos una comparación más trivial, siente algo parecido a lo que ocurre cuando tocamos una ortiga o cuando rozamos con el dedo el borde velludo de una hoja de cactus».[17] Como en su autobiografía *Infancia*, es insuperable cuando se trata de hacer vivir al lector las sensaciones orgánicas que produce tropezar con una palabra. Cuando se interpela a una persona con el nombre de *pequeña* estamos frente a un drama[18] porque habría que ser «un cadáver o una demente»[19] para no sentir la «superioridad evidente, reconocida»[20] que manifiesta.

¿Cómo reaccionar ante una cosa así? ¿Cómo tener la audacia y el valor de interrumpir una plácida conversación para evitar que el drama muera antes de nacer?[21] ¿Debemos hacer como si no hubiéramos sentido nada,[22] respetando los convencionalismos para que la conversación prosiga sin sobresaltos?[23] Al rebajar a la persona a la que se dirige este *pequeña*, la libertad desaparece, empezando por la libertad de *optar por* reaccionar:

> ¿Qué espera? ¿Qué le ocurre? No se puede mover, está como encadenado... Todos lo hemos sentido alguna vez, nos quedamos atrapados en el hilo de la conversación, o más bien este hilo se enrosca a nuestro alrededor, nos encierra... contemplamos esas palabras que están tan cerca, pero para alcanzarlas hay que romper el hilo, desgarrarlo, arrancarlo, saltar hacia el exterior, desencadenando la luz cegadora, el tumulto: No me llames «pequeña»... Y no tenemos fuerza para hacerlo, las ataduras son demasiado sólidas, los nudos son irrompibles, ha-

> cemos algunos movimientos para liberarnos, nos sacudimos débilmente y renunciamos...[24]

Cada una de las palabras que elige el agresor tensa más las ataduras, impide que la presa escape a la cautividad del simulacro de matrimonio o de conversación. Si la presa no tiene la fuerza de «romper el hilo» de la tela de araña, solo le queda fingir: fingir que habla, ama, vive, es feliz, es libre, es una igual, es merecedora de respeto. Cuando Nora se humilla para pedir dinero, su marido la compara con «esos pajarillos que lo enredan todo».[25]

> HELMER. Es innegable, querida Nora *(le rodea la cintura con el brazo)*. El chorlito es lindo, pero gasta mucho dinero. Es increíble lo que le cuesta a un hombre mantener a un chorlito.[26]

En realidad, Nora ha salvado a su marido de una enfermedad mortal y de la ruina. Como «una mujer casada no puede pedir un préstamo sin el consentimiento del marido»[27] ha acabado siendo la esclava de un usurero, ahorrando y trabajando clandestinamente para pagar la deuda. El secreto es una de las tácticas del agresor para obligar a su presa a «fingir». No se conforma con cerrar el pico del chorlito atolondrado, de cortar la lengua de la personita desvanecida, el carcelero de Nora también quiere ponerle un cerrojo en la boca. La priva del derecho a hablar *y a comer*. Con el pretexto de cuidar la salud de su dentadura,[28] prohíbe a la «golosilla» tomar azúcar[29] y sospecha que come pastelitos y mermelada en secreto. La obliga a «mirarle a los ojos»[30] para someterla a un interrogatorio humillante: «¿De verdad que la golosilla no se ha pasado por la pastelería? [...] ¿No habrás picado de la mermelada? [...] ¿Ni siquiera un pastelito o dos?».[31]

La boca, la lengua, los dientes, el cerebro, todo el interior de la mujer está enfermo, incluso su sangre. «En fin, hay que aceptarte como eres. Lo llevas en la sangre, Nora, esas cosas se heredan». El médico de la familia, cómplice del marido, guardián sádico del cuerpo de las mujeres, se burla del segundo personaje femenino de *Casa de muñecas*, la señora Linde, una viuda a la que su difunto marido no ha dejado nada, «Ni siquiera una pena o una añoranza a las que agarrarme»:[32] «¿Una ligera descomposición interna?».[33]

El bloqueo de la oralidad (en nombre de la falta de control de la esposa infantilizada) busca prohibir el placer en todas sus formas: comida, sexualidad, conversación. Descansa en una presuposición que nunca se formula explícitamente: la palabra de la mujer es una excrecencia de su cuerpo. Las palabras que salen de su boca son como los caramelos que entran, como los fluidos que salen. La palabra del marido es un discurso racional. La de la esposa es una secreción. Este flujo, que se asemeja a un residuo, no merece participar en pie de igualdad en el «diálogo» patriarcal. En la casa de muñecas en la que el marido *gaslighter* mantiene prisionera a la pequeña Nora es vano esperar el milagro de un «auténtico matrimonio», esa libertad que se concreta a través de una conversación.

¿Qué es una conversación? En el diccionario francés Littré, de 1880, se puede leer que *conversar*, por su etimología latina, quiere decir 'vivir con'. Este significado viene de Séneca, que definió la *conversatio* como la frecuentación de una persona con la que desarrollamos una intimidad. Este uso de *conversar* y de *conversación* se mantuvo hasta el siglo XVI «y nuestros antepasados solo le daban el sentido de convivir», prosigue Littré. Luego, el siglo XVII, tan dado a los cambios bruscos, «lo aplica a la conversación y esta expresión ya solo se utiliza para los intercambios de opiniones». Émile Littré lamenta que este paso de la acepción primitiva (*vivir con*) a la acepción secundaria (*intercambiar opiniones*) haya abolido simultáneamente «el primer sentido en beneficio del segundo».

Si devolvemos a la palabra su sentido original, el «verdadero matrimonio» descansa en una comunidad de vida y de diálogo. ¿Esto es posible en la conyugalidad tradicional? En 1664, el poeta John Milton, autor del *Paraíso perdido*, envió al Parlamento de Inglaterra un panfleto contra el matrimonio cristiano. En esta súplica a favor del divorcio, convierte la «voluntad de debatir (la conversación variada y feliz) en la base del matrimonio y llega a considerarla como la *razón de ser* del matrimonio».[34] ¿Qué nos enseña *Gaslight* —en sus vertientes de película, palabra o herramienta de reflexión— sobre el desvanecimiento histórico del sentido primitivo de la conversación en el matrimonio tradicional, es decir, sobre el simulacro de vida *en común* y de intercambio lingüístico?

El filósofo Stanley Cavell clasifica *Luz de gas* como un nuevo género cinematográfico. El «melodrama de la mujer desconocida»[35] ofrece diferentes versiones del mismo mito: «la búsqueda de una historia por parte de una mujer o la reivindicación del derecho a contar su propia historia».[36] Una mujer que lucha por conquistar el derecho a contar su historia es *una mujer a la que nadie escucha.* En el contexto histórico de *Luz de gas* (el siglo XIX en el que se sitúa el relato y la década de 1940, en los que se rodó la película), *nadie* quiere decir específicamente el compañero que le han asignado las normas sociales: su marido. Una mujer que lucha por conquistar el derecho a contar su historia es una esposa a la que su marido no escucha. Por eso Stanley Cavell hace de «la negación del matrimonio a través de la negación de la conversación»[37] el núcleo de su análisis de la película de George Cukor.

Me gustaría proponer un nuevo género cinematográfico: las películas luz de gas. La obra seminal de George Cukor no es la única de este tipo en su época. Pertenece a una categoría de películas, no solo hollywoodienses, que comparten una misma obsesión: el matrimonio como forma de destrucción de la voz de una mujer. Ingrid Bergman presta su rostro a muchas protagonistas de estas relaciones conyugales en forma de manipulación: con Hitchcock en *Encadenados*[38] y *Atormentada*;[39] dirigida por su marido Roberto Rossellini en *Te querré siempre* y, sobre todo, en *Ya no creo en el amor*,[40] relato que refleja la descomposición de dos matrimonios: el de los personajes y el del director y su esposa, que se separan nada más terminar el rodaje. Desde un punto de vista artístico, la unión del mayor cineasta europeo de la época y de una estrella, escamoteada a Hollywood al precio de un escándalo internacional, es una auténtica conversación. Entre 1949 y 1954, de su diálogo nace la serie de las «películas con Bergman»,[41] un largo documental sobre su relación a través de cinco largometrajes que Ingrid Bergman interpreta e inspira. Su relación termina con *Ya no creo en el amor*, película de luz de gas rodada en Alemania después del nazismo, que describe la venganza insoportable que un marido paranoico inflige a su mujer adúltera para lograr que se vuelva loca y se suicide. Como en *Encadenados*, Ingrid Bergman es presa de un marido nazi (de forma explícita en Hitchcock[42] y de forma metafórica en Rossellini) que la envenena o la lleva a envenenarse.

La película de luz de gas es la puesta en escena de la duda. Es la traducción cinematográfica de la duda escéptica: ¿existe realmente la esposa víctima de esta agresión? ¿Existe *lo suficiente*?, es decir, ¿tiene suficiente valor? ¿Es suficientemente interesante como para que el hombre que considera superior a ella (en riqueza, en posición social, en inteligencia, en glamur) se interese *realmente* por ella, tan invisible, tan *ordinaria*? ¿Se ha vuelto loca al sospechar que un hombre de rostro impenetrable que la trata como una niña tonta ha matado a su primera mujer y la quiere matar a ella? Una mujer presa de la tortura de la duda, una mujer con tan poca confianza en sí misma que se presta a la negación de su persona, hasta la destrucción (o la autodestrucción): así podríamos definir a la protagonista de una película de luz de gas.

Su representación histórica es evidentemente la mujer atrapada en la «mística» de la feminidad, del ama de casa estadounidense:

> Cuando la mujer se veía como una persona de ilimitado potencial humano, igual al hombre, cualquier cosa que le impidiera alcanzar su pleno potencial era un problema que había que resolver: barreras para la educación superior y participación política, discriminación o pre-

> juicios ante la ley o la moral. Pero ahora que la mujer solo se ve desde la perspectiva de su rol sexual, las barreras para alcanzar su pleno potencial, los prejuicios que niegan su plena participación en el mundo, han dejado de ser un problema. Los únicos problemas que existen en la actualidad son aquellos que puedan entorpecer su adaptación al rol de ama de casa. Por eso la carrera es un problema, la educación es un problema, el interés por la política, incluso el mismísimo reconocimiento de la inteligencia de las mujeres y de su individualidad es un problema.[43]

El marido de una película de luz de gas tiene muy fácil suprimir a su esposa: previamente, la sociedad la ha convencido de que no existe. La falta de realidad de la mujer (materializada históricamente por su relegación fuera de la esfera política donde los hombres tienen *voz y voto*) es la premisa del *gaslighting.* Hace posible su desaparición social e íntima, la evaporación de sus derechos y del sentir de su propia realidad. Abre la puerta a las torturas existenciales de la duda y a la etapa final: el *autogaslighting*, ese momento en el que la víctima ha interiorizado tan bien el fundamento de los ataques que se convierte en su propia torturadora, sustituyendo a la instancia que la convenció de que es necesario que desaparezca.

En esta representación del desvanecimiento terminal de la perfecta madre de familia[44] se basa la intriga de *Lo que la verdad esconde*,[45] de Robert Zemeckis. Claire Spencer (Michelle Pfeiffer) es un ama de casa de unos cincuenta años, trastornada por la marcha de su hija a la universidad. Pálida, mortecina, con lágrimas en los ojos, deambula por su inmensa casa desierta. A su alrededor, bosques verdes, propiedades de ensueño de fachadas blancas rodeadas de árboles, el lago azulado de Vermont parecen difuminarse. ¿Por qué todas las casas de las películas de luz de gas se parecen? No es casual. El punto de partida ético de la puesta en escena consiste en ceñirse al punto de vista de la protagonista, acompañarla en su feroz búsqueda de lucidez frente a un entorno que solo quiere cegarla.

En las películas de luz de gas, el espectador se pasea por el cerebro de un ama de casa anestesiada por el aburrimiento. Robert Zemeckis filma el sótano de la casa y el despacho del psicoanalista, dos territorios subterráneos, como una forma de descenso al inconsciente de su personaje. Claire se siente irresistiblemente atraída por el sótano, donde olfatea la ropa de su hija. (Más tarde, el espectador se da cuenta de que la camiseta con el logo de la Juilliard School, famoso conservatorio de Nueva York, procede de la época en que Claire se preparaba para convertirse en una música brillante, antes de abandonar su carrera para casarse con «un genio».) Hojea con nostalgia viejos álbumes de fotos, archivos de sus pasados conciertos en el Carnegie Hall. Asustada, aislada y preocupada, se refugia para llorar en el fondo del jardín y, en ese momento, sorprende los sollozos de su vecina tras la valla. «Tengo miedo de desaparecer algún día... No puedo respirar —jadea la vecina—. Tengo miedo de desaparecer. ¡Dios mío, ha vuelto! Olvide lo que acabo de decir». Esa misma noche, Claire se confía a Norman (Harrison Ford), un brillante científico que se pasa la vida en su laboratorio, donde lleva a cabo experimentos dirigidos a «paralizar a los mamíferos». «Querida, la gente se pelea. No es asunto nuestro», concluye con el tono paternalista que se usa para calmar a una criatura irracional que compensa el vacío de su existencia con un exceso de imaginación. El agresor siempre insiste en que su presa «imagina cosas».

Los conocidos de Claire, empezando por su mejor amiga, no paran de preguntarle cómo está, como si estuviera gravemente enferma:

—¿Estás bien?

—¡Sí!

—¿Seguro? (La amiga no la cree.)

—¿Por qué a la gente le parece tan sorprendente?

Sí, ¿por qué? Porque, cuando los hijos se marchan, una madre de familia menopáusica ya no vale para nada. Por la ventana de su habitación, Claire ve cómo su vecino carga un paquete voluminoso, del tamaño de un cadáver, en el maletero del coche.[46] Insiste para que Norman se acerque al cristal empañado por la lluvia, pero él no ve nada. Ella recoge velas inmediatamente: «Me *pareció* ver algo».

Pasa los días sola, desocupada, en una casa inhóspita cuya puerta de entrada no cierra bien. Como Paula, empieza a oír ruidos.[47] La puesta en escena amplifica el viento, la lluvia, el murmullo de voces lejanas, que *el espectador oye con ella*. Claire entra en pánico y llama a Norman. Este, con escaso entusiasmo, sugiere llamar a la policía. Y entonces ella se autocensura: «¡Estupendo! ¿Qué les decimos? ¿Pueden vigilar a mi mujer? Oye voces...». Ya no confía en su vista —toda la película está bañada en una luz azulada irreal— ni en su oído. La mujer se desvanece, empezando por sus sentidos. El *gaslighting* destruye su sensibilidad, no solo su intelecto. «Claire está obsesionada —se queja Norman—. Oye cosas... murmullos... voces».

Tras los sonidos llegan los espectros. El rostro de una muerta aparece bajo la superficie opaca del lago. Aparecen reflejos en la pantalla del ordenador. ¿Es Claire? ¿Es su doble? Animado de una vida propia, se enciende y se apaga, como las lámparas de *Luz de gas*, o como las fluctuaciones de la conciencia torturada de las mujeres, vivas y muertas, que luchan para remontar a la superficie y, por fin, ver las cosas *claras*. Desde el espejo empañado del cuarto de baño, la mujer fantasma del lago intenta comunicarse con Claire. El cuarto de baño es el mundo enlutado de los fantasmas, de las novias muertas. Claire adivina que ese es su lugar y que pronto se reunirá con ellas (a menos que ya esté muerta...).

El marido agresor encarna la razón que le falta a la esposa para permitirse pensar por sí misma. Armado con el prestigio científico que legitima sus diagnósticos, la manda al psicoanalista. Y la consulta está en un entresuelo. Tras las tres ventanas, el espectador puede observar a la gente que pasa. La consulta nos sumerge en el inconsciente de Claire. En la primera sesión, el psicoanalista le entrega un caramelo. ¿La ha tomado por una pequeña Nora? «Todas las personas que llegan aquí por primera vez se preguntan si están locas. Hacen falta tres sesiones para saberlo», declara el psicólogo. Silencio. ¿Este hombre es un cómplice sádico de su marido? «Era una broma», precisa ante su expresión aterrorizada. Silencio. Claire se saca el caramelo de la boca. ¿Estará envenenado? Y la esposa, que solo susurra palabras sueltas, decide hablar por fin con una voz clara, sin que ningún caramelo se lo impida.

—En mi casa hay un fantasma.

—¿Qué aspecto tiene?

—Se parece a mí...

El analista la cree. Claire ha encontrado un testigo: el garante que autentifica su experiencia sensible (sus ojos, sus oídos y su memoria no la traicionan), el compañero benévolo que escucha y comprende («¿Qué aspecto tiene?», le pregunta), sin juzgar ni sembrar dudas (frente al «¿Estás segura?» de su mejor amiga). Sentada frente a él, que la trata de igual a igual y no la reduce a la condición de menor de edad (niñita frágil, mujer loca), recupera la confianza en la posibilidad de una conversación real. Una conversación no consiste en alinear palabras al azar, como en el tablero de ajedrez de *Alicia en el País de las Maravillas*, sino en presentar la subjetividad de cada participante, escuchando, escuchándose a través del otro. Una verdadera conversación —una de las alegrías de la existencia: frente al analista, la pálida Claire revive— es una forma de elucidar. Me apoyo en el otro para saber algo sobre mí misma, en una búsqueda interminable en la que nosotros dos, que somos más de uno, elaboramos el relato a través de nuestras vidas en *nosotros*, hablándolas.

El analista le aconseja que se ponga en contacto con el fantasma para saber qué quiere la muerta, es decir, qué quiere *ella*, transformada por el matrimonio en muerta viviente.

Durante una sesión, Claire tiene un desvanecimiento.

—Acabo de ver el rostro de Norman, tiene tanto miedo por mí...

—¿Y tu pareja?

—Bien, muy bien. Bueno, a veces parece que no me ve, cómo decirlo, que soy... que tengo un problema.

—Debe ser algo desagradable.

—Sí.

El psicoanalista toma nota de sus sensaciones y sus sentimientos. Su forma impersonal de expresarse (*That can't feel good*) legitima sus palabras. Sin un testigo, la presa no puede escapar de la duda escéptica y de la desolación que la llevan a convertirse en presa de sí misma, como cuando Claire dice: «He tenido un episodio de vacío en el que veía cosas que no existen».

Su vida conyugal es un largo episodio de vacío, un simulacro, hasta la revelación: ha abandonado «su carrera, su vida, por una vida perfecta, ser una esposa y una madre perfecta para que él pueda jugar al marido perfecto». La película de luz de gas es una película de vampiros.[48] Stanley Cavell señala que en Cukor la manipulación de las lámparas de gas descansa en una dialéctica de aumento-disminución que simboliza el vampirismo conyugal: «La llama de la lámpara de [la] habitación [de Paula] aumenta y disminuye en función (inversa) de la de la habitación de su marido. Es algo que se puede interpretar en estos términos: las fuerzas de la mujer son aspiradas por la necesidad inconfesa del marido de poseerlas [...]. Una vida socava la otra. Y así se puede definir un cierto grado de intimidad».[49]

Como la mujer de Barba Azul, Claire descubre una llavecita en una rejilla. El título de la película de Zemeckis, *Lo que la verdad esconde*, alude a las mentiras que viven bajo las apariencias. La llave abre el cajón que contiene las pruebas de los crímenes de su marido. «La ha matado y no estoy loca». El «genio», que la ha tratado como si fuera una mujer frágil y chiflada, ha asesinado a su estudiante y amante, antes de arrojar su cadáver al lago. Cuando Claire describe el rostro de la mujer muerta, él, el asesino, la culpa:

—¡Estás intentando sabotear mi artículo!

—Pero está pasando algo...

—Claire, detente, tu reacción es totalmente excesiva.

—No me des lecciones.

—No hables tan fuerte.

—Quizá tengas razón, estoy perdiendo la cabeza.

«Detente inmediatamente, no hables tan fuerte», grita el orador con la voz grave. Cuando la criatura inferior se rebela, el agresor da la vuelta a la situación y se convierte en víctima. «¡Es culpa mía!» Convencido de que su amante y su esposa no le han dejado otra opción, inyecta a Claire el producto que puede paralizar a «todos los mamíferos» y escenifica su suicidio. De acuerdo con la lógica demente del *gaslighting*, este suicidio, explica él con la voz docta que usa con las mujeres, la reunirá con su hija. El agresor se siente imbuido de la misión de crear un linaje de mujeres muertas, de dejar paralizadas a generaciones de hembras, en un gesto de autodefensa contra una horda imaginaria de mujeres envidiosas que sabotean el genio de los grandes hombres.

CAPÍTULO 12

La mujer imposible de casar

Hay un chiste que resume perfectamente la lógica del *gaslighting*. Es una de las anécdotas que cuenta Freud para ilustrar la «técnica del chiste», en un capítulo cuya protagonista (muda) es imposible de casar:

> A ha tomado prestado de B un caldero de cobre, y cuando lo devuelve, B se le queja porque el caldero muestra un gran agujero que lo torna inservible. He aquí su defensa: «En primer lugar, yo no pedí prestado a B ningún caldero; en segundo lugar, el caldero ya estaba agujereado cuando lo tomé de B; en tercer lugar, yo devolví intacto el caldero».[1]

Freud se pregunta: «Nos cabe dudar si tenemos derecho a presentarlo como chiste, acaso como un chiste sofístico, o lisa y llanamente como un sofisma».[2] Pues lo que caracteriza a un sofisma es «la apariencia de lógica [...] que está destinada a encubrir la falacia».[3] El «núcleo» del sofisma del caldero es una omisión deliberada.[4] «Cada uno de esos alegatos es bueno por sí; pero todos juntos se excluyen recíprocamente. A considera por separado lo que debe mirarse en su trabazón [...]. Puede decirse también: A pone "y" en un lugar donde solo es posible "o bien... o bien"».[5] De hecho, es imposible que un caldero esté al mismo tiempo agujereado y en perfecto estado. Y es imposible que un individuo devuelva un caldero que nunca pidió prestado.

Es imposible en la realidad, porque se rige por la alternativa «o bien... o bien». O el caldero no tiene agujero, o lo tiene. O A ha tomado prestado un caldero o no ha tomado prestado un caldero. En cambio, la defensa de A, que yuxtapone tres argumentos mutuamente excluyentes,

> es un ejemplo notable de efecto puramente cómico obtenido dejando trabajar un pensamiento inconsciente. Precisamente, el hecho de que varios pensamientos, que, tomados de uno en uno, descansan en un buen motivo, puedan anularse mutuamente no pertenece al ámbito de lo inconsciente. Por esta razón, el sueño, gracias al cual, como sabemos, se manifiestan los modos de pensamiento del inconsciente, no conoce la alternativa «o bien... o bien...», sino solo la simultaneidad.[6]

Este libro despliega (des-pliega) la lógica formal del *gaslighting* sin entrar en el inconsciente del agresor. Así pues, dejaré de lado la progresión inconsciente del sofisma de A. ¿Por qué me parece que el «argumento del caldero»[7] es el arquetipo de razonamiento diseñado para hacer luz de gas a un interlocutor? Hacer luz de gas no es *estafar.* Si A (una mente astuta, por no decir maliciosa) hubiera querido ganar su caso engañando al tribunal, habría utilizado una defensa más hábil, en lugar de un argumento cuyo equilibrio terciario ni siquiera se molesta en disimular el efecto cómico del sofisma «que hizo reír mucho»,[8] como señala Freud, es decir, el buen chiste, o más bien el gran engaño. ¡A engaña a B! Este es el núcleo del enigma del caldero. Y también es el germen de un sinfín de chistes. Una vez que comprendes el pensamiento que subyace en el *gaslighting*, puedes jugar a parodiarlo[9] y, al mismo tiempo, *a frustrarlo.*

En *El efecto sofístico*, Barbara Cassin muestra la ambivalencia de la posición de Freud sobre el sofisma. Su análisis me permite clarificar y profundizar la relación que deseamos establecer entre *gaslighting* y sofisma. Prefiero hablar de *relación* y no de *identificación*, en la medida en que esta obra no pretende en absoluto pronunciarse sobre «el otro malo» (*le mauvais autre*)[10] de la filosofía, cuya herencia desde la Antigüedad explora de forma magnífica Barbara Cassin.

Porque acerca el agresor de luz de gas al sofista (en particular a través de la figura de Humpty Dumpty, autoproclamado campeón de la erística, es decir, de una práctica del lenguaje que pretende imponerse a toda costa), este libro tiene ciertamente «en su epicentro el problema de la regulación del lenguaje».[11] ¿Cuál es la condición para una argumentación y un diálogo sensatos? ¿En qué medida se basa el matrimonio en una conversación cuya práctica y cuyo significado pueden compartir dos sujetos en pie de igualdad ante el lenguaje? Estas preguntas están en el centro del *gaslighting*. No obstante, no es mi intención moralizar.[12] Eso vendría a ser relegar a los agresores al campo de los «malvados», que es un reproche pueril. El moralismo y la psicología pueden convertirse fácilmente en cómplices. Ahora bien, la ética —que no es la moral de la culpabilización o de la buena conciencia— se encarna aquí en la decisión de considerar al agresor como el representante de un discurso y de una norma conyugal dominantes. Por eso no me propongo entrar en sus intenciones. No intento saber *por qué* el marido trata así a la mujer. Solo me importa el *efecto* de sus acciones, que viene a ser acabar con el lenguaje de la víctima.

Volvamos al sofisma del caldero y a la ambivalencia freudiana. Freud es ambivalente, explica Barbara Cassin, pues desvaloriza el placer que supone el sinsentido, subrayando que la víctima está atrapada en la trampa del «placer un tanto cruel del "uno mismo" en el patio de recreo: "son trampas que causan un cierto placer al narrador, desconcertando e irritando al oyente"».[13] El sofisma es una trampa cruel. Su crueldad viene de su cinismo. Para ilustrarlo, Freud cuenta otros chistes que saca de la tradición judía del *schad-*

chen, el casamentero encargado de encontrar una candidata (una mujer en edad de merecer) para la familia de un joven. En este contexto aparece la anécdota del caldero: se encuentra entre dos historias de casamenteros, lo que la asimila más profundamente que su lógica formal al *gaslighting*, que es en su origen una historia conyugal. Los aspectos cómicos (cínicos) surgen sistemáticamente del hecho de que la chica casadera es *imposible de casar*.

Justo antes del argumento del caldero, Freud describe la maniobra de un casamentero que intenta colocar a una joven «imposible de casar».[14] ¿Qué es una joven imposible de casar? «Se trata entonces en realidad de una muchacha fea que ya no es joven, de dote escasa, que tiene una madre repelente y además es contrahecha». Su defecto principal no invita al matrimonio: es jorobada.[15] Casi todas las chicas imposibles de casar sobre las que descansa el carácter cómico de los chistes judíos de casamenteros son jorobadas. Y la joroba no se puede pasar por alto.[16]

«Pero ¡también tiene una joroba!»

—«*¿Y qué quiere usted?* ¿Que no tenga ningún defecto?»[17]

¿Qué relación puede haber entre una chica jorobada (es decir, que tiene algo *de más*) y un caldero agujereado (que tiene algo *de menos*)? Como A en el tribunal,

> El casamentero, respecto de cada uno de estos defectos, sabe desde qué punto de vista se lo podría disimular; en cuanto a la joroba, que no admite disculpa, la reclama como el defecto que es preciso admitir en cualquier ser humano. Esto vuelve a presentar la apariencia de lógica que es característica del sofisma y que está destinada a encubrir la falacia. La muchacha evidentemente tiene unos defectos flagrantes, más de los que podrían pasársele por alto, y uno que no se puede omitir; es imposible desposarla.[18]

Justo después de «la misma omisión deliberada»[19] en la que se basa el chiste del caldero (el casamentero omite deliberadamente la joroba, como A omite deliberadamente el agujero), Freud cuenta la historia de un casamentero que intenta casar a una chica «con una pierna más corta y que cojea».[20] Esta enésima mujer imposible de casar tiene algo de menos (un trozo de pierna) y algo de más (la cojera). ¿Qué nos dicen estos chistes crueles? No solo «la verdad del conflicto entre civilización y libertad sexual»[21] y la guerra inmemorial entre la norma social del matrimonio y el deseo individual reprimido. Los chistes freudianos en los que el casamentero se convierte en el sofista *gaslighter* nos hablan de una verdad diferente. Es una verdad que, como en el cuento de Poe *La carta robada*, tenemos delante de los ojos. Vamos a citar una última historia de joroba femenina:

> Un hombre que debe salir de viaje deja a su hija al cuidado de un amigo, pidiéndole que vele por su virtud durante su ausencia. Cuando vuelve, al cabo de unos meses, la chica está embarazada. Como es normal, se lo reprocha a su amigo. El amigo responde que no tiene explicación para esta desgracia.
>
> «Pero ¿dónde ha dormido?», pregunta al fin el padre. «En el mismo dormitorio que mi hijo». «¿Y cómo pudiste hacerla dormir en la misma habitación que tu hijo, después de que tanto te encarecí su tutela?» «Es que había un biombo entre ellos. Ahí estaba la cama de tu hija, ahí la cama de mi hijo, y entre las dos el biombo». «¿Y si él dio la vuelta al biombo?» «A menos que sea eso —responde el otro pensativamente—… Así sería posible».[22]

La mujer soltera embarazada combina los defectos de la mujer imposible de casar (tiene una joroba, pero no le ha salido por detrás, sino por delante) y del caldero inservible: tiene un agujero. Ha llegado virgen a casa del amigo y sale de la habitación del hijo embarazada, desflorada, *agujereada*. ¿Se trata de una violación? *A menos que sea eso. Así sería posible*. La historia no lo dice, pero Freud tampoco se pregunta sobre el linaje (la serie) de mujeres inservibles con agujeros y jorobas, madres tan feas y tan estúpidas como sus hijas.

¿Detrás de qué biombo tenemos aquí la luz de gas? Estos chistes de bodas y de casamenteros nos hablan de un largo, larguísimo, y ensordecedor silencio de las mujeres. El casamentero habla mucho: sin artes oratorias, sin erística venal, no podría ganarse la vida. Le gusta tanto hablar, y escucharse hablar, que a veces le acompaña «un ayudante que debe confirmar todo lo que él diga».[23] Ese ayudante es un «eco».[24] Su función consiste en repetir el charloteo del *schadchen.* El «pretendiente» también habla mucho: responde, replica, reclama, recrimina, se asombra, se excita, argumenta, regatea.

> El pretendiente, muy desagradablemente sorprendido por la novia que le acaban de presentar, se retira a un rincón con el casamentero para explicarle en voz baja sus reclamaciones.
>
> «¿Para qué me ha traído aquí?», le pregunta en tono de reproche. «Ella es fea y vieja, bizquea y tiene malos dientes y chorrea de los ojos...» «Puede usted hablar en voz alta —replica el casamentero—, también es sorda».[25]

La chica casadera no ve (es bizca), no oye (está sorda); la chica casadera nunca abre la boca. Nadie sabrá lo que ha pasado, las noches en las que el hijo del amigo de su padre, que debía cuidar de ella, ha cruzado el simulacro de muro que la debería proteger. Nadie oirá gritar a la chica virgen. Nadie conocerá el relato de la mujer jorobada, coja, de la mujer imposible de casar y rechazada por todos los pretendientes. Nadie sabrá cómo la chica embarazada ha podido criar sin marido a su hijo concebido detrás de un biombo.

El chiste freudiano es un placer cínico, una trampa cruel. El narrador sofista goza del placer de hablar de una mujer muda, y además en su presencia. En la tradición sofística esta mujer tiene un nombre: Helena, la mujer más odiada de la Antigüedad.

> ¿Quién le dio el nombre de Helena con absoluta verdad? [...] Dio el nombre de Helena a la casada que fue disputada, que causó la guerra.
>
> ¡Ay, loca Helena! ¡Tú sola hiciste que perecieran muchas vidas, muchísimas vidas al pie de Troya!
>
> Y ahora te has adornado con una postrera corona de eterna memoria por una sangre que nunca podrá ser lavada!
>
> ¡Sí, entonces estaba adherida con fuerza a esta casa Discordia, que consigo traía la ruina de los varones![26]

Lógicamente, el sofista Gorgias elige esta causa perdida para asumir su defensa y ejercitar su virtuosismo. Helena nace de la violación de su madre, Leda, por Zeus transformado en cisne. Leda da a luz un huevo, una joroba tan gruesa como Humpty Dumpty, futuro descendiente de los sofistas... Helena la traidora, cuya voz «tiene el poder sobre los guerreros»[27] de Ulises... Helena «señora de las voces»...[28] que «permite escuchar a todas las mujeres»...[29] «*Helena era una bella imagen tranquila, un ornamento precioso. Y luego todo cambia a su alrededor y su matrimonio acaba mal.*»[30] Es decir, resume Barbara Cassin, Helena es «el equivalente general de todas las mujeres: la mujer, una mujer».[31]

«Quise escribir un discurso que fuera un elogio de Helena y un juguete para mí»,[32] explica Gorgias. Su argumento en cuatro fases demuestra la eficacia del discurso sofístico, capaz de rehabilitar a una heroína secuestrada por la literatura (de Homero a Eurípides y Esquilo, de Ronsard a Goethe, de Estesícoro a Giraudoux...) que se ha convertido en la imagen negativa del eterno femenino. El *Elogio de Helena* defiende a la mujer imposible de defender, demostrando que «la han forzado contra el derecho y la han ultrajado contra la justicia» (rapto y violación), «privada de su patria, arrancada a los suyos»,[33] pero sobre todo ha sufrido la violencia de la *persuasión*. «Porque el discurso que persuade es necesario para el alma, a la que persuade de haber sido persuadida de cosas que se han dicho y de consentir cosas que se han hecho».[34] La persuasión es «un gran soberano»,[35] escribe Gorgias, que practica él mismo este arte de «la magia»[36] para «hacer desaparecer mediante este discurso la mala reputación de una mujer».[37] ¡Puf! Se desvanece. En suma, Helena de Troya sufrió el *gaslighting* de los malos oradores antes de que Gorgias usara a su vez el «poder del discurso» que compara con el «dispositivo de las drogas»[38]. Helena, sucesivamente víctima y *juguete* del poder (y del placer) de la palabra masculina, ese poder y ese placer que se le negaban, empezando por su propia voz. «¡Esto es lo que hace que su hija sea muda!»[39]

Ha llegado el momento de que entre en escena una dama furiosa. ¿Quién es esta dama? ¿La autora de este libro? ¿Su editora? ¿Una lectora? ¿Cualquier ser humano que se identifique con una dama furiosa?

> Es verdad que, si las relaciones sociales no existen, tampoco existen las damas. Había una persona que estaba furiosa, era una dama feminista de allá (Milán). Era realmente... se lo he dicho... *Venga mañana por la mañana y le explicaré de qué se trata.* Este tema de las relaciones sexuales, si se puede aclarar en algún punto, es precisamente del lado de las damas, en la medida en que se trata de despejar el camino. Es el auténtico tema del año, tras este *Aún,* y es uno de los sentidos de mi título. Quizá consiga así decir algo nuevo sobre la sexualidad femenina. Hay una cosa de este «no todo» que supone un testimonio deslumbrante. Con uno de estos matices, de estas oscilaciones de significado que se producen en la lengua, el «no todo» cambia de sentido cuando digo: *nuestras colegas, las damas psicoanalistas, sobre la sexualidad femenina no nos dicen... todo.* Es muy llamativo. No han hecho avanzar un aspecto de la cuestión de la sexualidad femenina. Tiene que haber una razón interna, ligada a la estructura del aparato del placer.[40]

En 1975, Jacques Lacan explica a las señoras psicoanalistas que no han hecho avanzar en absoluto la cuestión de la sexualidad femenina (otra cosa que les falta a estas señoras, y esta vez no es un trozo de pierna) que «la mujer no entra en función en la relación sexual sino como madre».[41] «Para este goce de ser no-toda, es decir, que la hace en alguna parte ausente de sí misma, ausente en tanto sujeto, la mujer encontrará el tapón de ese *a* [otro con minúscula] que será su hijo».[42] Debemos señalar una de las características esenciales de hacer luz de gas: su discurso *requiere una traducción*. El agresor habla tras el biombo de su propio número de prestidigitación. Simultáneamente hace desaparecer nuestro idioma común (lo que dice no es comprensible para su interlocutor y solo él puede traducir, algo que obviamente no hace) y su presa. La presa del *gaslighting* lacaniano en *Aún* es «la mujer». «La mujer» no quiere decir nada. La mujer no existe. ¡Puf!

En este seminario de Jacques Lacan, Barbara Cassin reconoce el capítulo final de el desvanecimiento total de Helena, entendida como desvanecimiento de «la mujer»: «Helena, el semejante de todas las mujeres, incluida ella misma, hace entender cómo "el goce solo se interpela, se evoca, persigue o elabora a partir de un semejante" (*Aún*, pág. 85). [...] en ambos sentidos: gozar de Helena es gozar de un fantasma; el goce de Helena, en genitivo subjetivo, es decir, el goce femenino, es un fantasma de goce».[43] El agresor ha ganado (es el objetivo de su erística) cuando su presa se ha transformado en fantasma o en cadáver. El eterno femenino que Helena encarna en Goethe es la mujer muerta por fin, Helena cadaverizada por un discurso que la convierte, desde todos los puntos de vista, en la ausente. *Vértigo*, de Alfred Hitchcock, donde *la misma mujer es asesinada dos veces*, es el arte poético supremo del *gaslighting*.

Se ha escrito mucho sobre Helena, la mujer sublime y *por tanto* muda, sobre este *ídolo* de lo femenino, en el sentido simbólico y etimológico (Helena como *ilusión*), sobre esta «sirena inconsistente»,[44] sobre esta aparición-desaparición. Sus exégetas masculinos no se interesan por la niña Helena, nacida de la violación de su madre y arrancada de su hogar a los diez años. Se esfuerzan por comprender el alcance de los raptos y violaciones que han hecho de Helena, desde la infancia, una criatura evanescente, una «*joven novia* [...] *casada entre lágrimas*»,[45] que desaparece al albur de un deseo unilateral de cualquier «*amante catastrófico*»,[46] para reaparecer después, tan bella y muda como siempre. «Hoy día existe una ineludible conciencia de que necesitamos nuevas formas de pensar los iconos femeninos como Helena y Marilyn Monroe, nuevas formas de transformar la versión masculina tradicional de dichos eventos. Hay que dar un giro de 180° para encontrar ahí distintos y más profundos dolores», escribe la poeta Anne Carson para presentar su reescritura del mito de Helena.

Violación
es la historia de Helena,
Perséfone,
Norma Jeane,
Troya.
La guerra es el contexto
y Dios es un niño.
Oh, mis amores,
te han dicho que llevas dentro una perla preciosa.
La verdad es
ser niña es un desastre.[47]

Dejemos de buscar pruebas ontológicas de la mujer que no existe, como si desde Helena y a costa de ella la literatura masculina no tuviera más finalidad que acusar a «la mujer» o defenderla, o castigarla por su exceso de presencia (belleza del ornamento precioso) o sus carencias (violaciones, raptos, placeres y demás desapariciones detrás del biombo donde la violencia masculina se ejerce en secreto). Porque quien quiere «tener conocimiento de la existencia de la mujer»,[48] observa Stanley Cavell, no se considera «como perteneciente a su bando».[49] Desenmascaremos de una vez por todas la lógica de la «inexistencia de la mujer» para poner fin al *gaslighting* nihilista que ha dejado muda a Helena, a nuestra Helena, esa mujer que nos pregunta *quiénes somos* y *cómo hablamos*.

CAPÍTULO 13

Un arte oratorio

La historia de luz de gas está salpicada de asombrosas sincronías. En 1944, el año de la película de George Cukor, se estrena *Noche en el alma*,[1] de Jacques Tourneur, una obra maestra del *gaslighting* vampírico con un trasfondo de barbarie nazi. *Noche en el alma* se abre con las confidencias de una anciana a un médico en el vagón restaurante de un tren (como en *Alarma en el expreso*). Le cuenta la historia terrorífica de su hermano, Nick Bederaux, presintiendo que ella será la próxima víctima del anciano psicópata que ha llevado a cabo con Alida, su sublime esposa (interpretada por «la mujer más bella del mundo» de aquella época, Hedy Lamarr), el peligroso experimento que se menciona en el título original.

Este millonario ha comprado a su familia a una niña pobre con el pretexto de ofrecerle una educación y ha montado con ella un simulacro de matrimonio. La «rectifica», la educa, se casa con ella cuando sus esfuerzos han logrado la perfección. Siguiendo esta misma lógica, asesina a cualquier rival amoroso de Alida, con el cinismo del propietario que alega legítima defensa contra un ladrón. La anciana preocupada, después de confiarse al médico, se desvanece bajo el arco de la estación, devorada por el humo del tren. El espectador ya no la volverá a ver, salvo en *flashback*, ya que muere bruscamente al llegar a Nueva York, a casa de su hermano. El médico hereda entonces la función ética de testigo. En posesión del diario íntimo de la pasajera, que ha tomado nota durante años del comportamiento bárbaro de su hermano, investiga y se introduce en el hogar de Alida.

El diario íntimo a menudo desempeña un papel crucial en las películas de luz de gas. La escritura permite registrar los hechos,[2] como reacción contra el agresor que falsifica la realidad y la niega. El diario es un archivo y una prueba; la escritura es una vía de salvación cuando la voz de la víctima se debilita tanto que se queda muda.

El médico descubre que Nick Bederaux aterroriza a su hijo contándole historias de «malvadas brujas»: «Cuanto más bellas, más malvadas», insinúa el padre. «Mamá es muy bella...», se preocupa el hijo. Nick consulta al médico alegando que le preocupa la salud mental de su esposa. Se basa en que cada semana se envía un ramo de margaritas y se niega a reconocer que es ella quien manda sus flores favoritas. Le enseña la nota que las acompaña, sin indicar que imita la letra de su mujer y se entrega a este ritual demencial para volverla loca. Cuando finge pedir consejo sobre los terrores nocturnos de su hijo, el médico le contesta con un alegato humanista conmovedor:

> —El niño tiene miedo de los tigres que hay bajo su cama.
>
> —Pero todos tenemos tigres bajo la cama.
>
> —¿Entonces qué le decimos? —pregunta el padre manipulador.
>
> —Debemos recordarle que no existen. Y los otros tigres que hay en nosotros, los que sí existen, la violencia, debemos combatirlos.

«Tengo miedo», murmura Hedy Lamarr. Jacques Tourneur solía pedir a sus actores que hablaran en susurros. *La mujer pantera*[3] es un manifiesto de las mujeres aterrorizadas ante la idea de que el matrimonio las haga desaparecer. Los hombres que aman a Alida alaban su «mirada inteligente», mientras que su marido la considera una bruja. Para eliminar a la bruja y al «niño», abre el gas, convirtiendo su mansión en una gigantesca cámara de gas que se incendia y explota.

Ver *Noche en el alma* hoy en día es un experimento asombroso. El mismo año que George Cukor, Jacques Tourneur vinculó el sadismo conyugal de su intriga victoriana con el contexto de la Segunda Guerra Mundial. Organiza la desaparición de sus personajes en una atmósfera crepuscular: vapor del tren, bruma invernal, emanaciones de gas y llamas. La silueta grácil de Hedy Lamarr parece rodeada por las sombras de los muertos. En 1944, el marido agresor de Jacques Tourneur es un tigre, oculto bajo la cama conyugal y bajo la cama del «niño», un dictador borracho de violencia, que siembra la desolación y el terror en su hogar, para acabar convirtiéndolo en humo. A modo de manipulación definitiva, ha puesto a su hijo el nombre de Alec, un antiguo novio de Alida al que asesinó.[4] Crea así la prueba del crimen imaginario de su mujer (relación adúltera e hijo ilegítimo) para ocultar su crimen muy real (eliminación de Alec, su mujer y su hijo). Hacer luz de gas es asesinar la verdad.

Gaslighting fue elegida palabra del año en 2022 por el *Oxford English Dictionnary*, seis años después de la elección de *posverdad*, en 2016. El diccionario de referencia de la lengua inglesa precisa que *posverdad* remite a la campaña del Brexit y a la elección de Donald Trump como presidente de Estados Unidos, un contexto en el que «los hechos objetivos tienen menos influencia en la formación de la opinión pública que el recurso a las emociones y creencias personales».[5] ¿Reflejan *posverdad* y *gaslighting* el espíritu de nuestros tiempos?

Ambas tienen en común que amplían el campo semántico de la mentira. Myriam Revault d'Allonnes demostró en *La Faiblesse du vrai* que la crisis de la democracia contemporánea

> deja entrever la posibilidad de un régimen de indiferencia ante la verdad, e incluso de abolición de su valor normativo, al desaparecer la división entre lo verdadero y lo falso. [...] Esta es la era de la «posverdad»: la difuminación de los límites entre verdad y mentira, honestidad y deshonestidad, ficción y no ficción. El resultado es un edificio social frágil que descansa en la desconfianza.[6]

Sin embargo, *posverdad* y *gaslighting* no son el mismo concepto formulado de forma diferente. La posverdad se expresa mediante la invención de «hechos alternativos» (*alternative facts*). A Humpty Dumpty le habría encantado este poder inherente a la figura que existe exclusivamente por decreto. Un poder autoritario decide mandar en el lenguaje, indiferente a la realidad y a la definición *común* de la palabra *hecho* («lo que ha sucedido, lo que realmente existe»). Para que esta toma de poder sobre el lenguaje funcione, hay que contar con la fe (¿la credulidad?) de un ser humano que acepta la falsificación de la realidad, hay que negar el sentido común.

El 20 de enero de 2017, en su primera toma de posesión, Donald Trump mintió. Exageró el tamaño de la multitud realmente presente, falsificó los datos meteorológicos, afirmando que «había dejado de llover inmediatamente y había salido el sol» en el instante en el que había comenzado su discurso. Impertérrito ante los desmentidos (*The New York Times* señaló que había llovido durante toda la ceremonia), un responsable del equipo presidencial, Sean Spicer,[7] dio carpetazo al simulacro de debate: «Creo que a veces podemos estar en desacuerdo con los hechos». Que le corten la cabeza (a la lluvia, a la realidad, a la verdad, al lenguaje, al periodismo, a los opositores políticos). En el País de las Maravillas de Trump, la realidad y la verdad se establecen por decreto.

El hecho alternativo es una propuesta que procede mediante una serie de deslizamientos sin base lógica (el razonamiento es absurdo) o real. La propuesta representa el paso de una *opinión* («pienso») a su *generalización*. En la frase «creo que a veces podemos», quien cree es Sean Spicer, pero ¿cuál es el sujeto de *podemos*? ¿Qué quiere decir exactamente *a veces*? El hecho alternativo generaliza una opinión desprovista de legitimidad racional y real. El objetivo es hacer que una opinión subjetiva parezca un hecho universal. ¿Cuándo? *A veces*. Es decir, cuando un hecho real (llueve) contradice una estrategia política (debe hacer bueno porque Trump ha sido elegido). En el país de la posverdad, el poder autoritario controla el lenguaje y la meteorología. Ya que la investidura demuestra, en un contexto en el que no hay ninguna prueba factual ni científica, que el sol ilumina milagrosamente el discurso del presidente, entonces basta con decir que hace bueno para que salga el sol. (A la inversa, Paula dice que va a llover con el cielo completamente azul. Se autoengaña para obedecer a su marido, en su ausencia, y permanecer enclaustrada en casa.) El hecho alternativo es un hecho divino.[8] La formulación —en consonancia con la razón y la realidad— «Creo que a veces podemos estar en desacuerdo con los hechos» quiere decir, por tanto: «*Creo que* Donald Trump tiene el poder de hacer milagros».

¿Qué diferencia existe entre un hecho alternativo y una mentira? El hecho alternativo es una situación de recambio en un esquema ideológico en el que el *contenido* no tiene ninguna importancia, pues solo cuenta la finalidad electoral (el número de visitas o de votos). El hecho alternativo contiene simultáneamente una mentira factual (hace bueno cuando habla el amo) y una mentira global (el amo tiene poder para decretar el sentido de las palabras). Alicia podía huir del país en el que los habitantes cambian constantemente las reglas del lenguaje. En cambio, el país de la posverdad, en el que el lenguaje es un juego que no sirve para vivir juntos, sino para ganar, no tiene salida de emergencia. La cosa es saber quién manda, nada más.

¿Qué añade a la posverdad *gaslighting*, elegida palabra del año en 2022 porque sintetiza nuestra época de desinformación (*fake news*, teorías conspiranoicas y desarrollo de tecnologías que permiten su difusión viral)? Desenmascara la lógica argumentativa de la falsificación de los hechos. Profundiza en uno de los aspectos del lenguaje: la construcción de las creencias. ¿Gracias a qué tipo de perversión del lenguaje humano puede un político lograr una adhesión masiva a un programa que descansa en la negación de la realidad?

El hecho alternativo introduce una confusión entre la *creencia* (atribución de un valor de verdad a un enunciado) y la *credulidad* (disposición psicológica de un individuo a creer cualquier cosa). En cambio, el *gaslighting* actualiza el vínculo íntimo que existe entre la *creencia* y la *credibilidad.* Una persona a la que se hace luz de gas creerá con mayor facilidad una mentira, incluida la negación de una verdad factual, ya que previamente su propia credibilidad ha sido dañada. Ahora bien, la historia de la pérdida de credibilidad es la historia colectiva de las mujeres, como encarna la figura mitológica de Casandra.[9] Vamos a interesarnos en primer lugar en las técnicas de persuasión que permiten hacer luz de gas.

El *gaslighting* es un arte oratorio. Contrapone dos instancias. Por un lado, una *cantante* pierde su vida y su voz. La ópera occidental incluye toda una gama de personajes femeninos de este tipo que luchan —en vano— para no caer en esta doble extinción. Frente a la cantante, un *orador* usa la voz para convencer a su adversario —el orador está en guerra— de que la verdad en sí misma no existe. El orador históricamente es un hombre. En la sociedad romana, en la que nació la palabra, su origen religioso —*orare*: 'suplicar', 'orar'— excluye a la mujer, privada de palabra pública y de autoridad religiosa.

¿Qué técnica oratoria utiliza el «malvado orador» en *Luz de gas*[10] para conseguir que su mujer confiese algo que no hizo? Tras obligarla a examinar la pared del salón, exigiendo a Paula que indique lo que falta —el pequeño cuadro que ha escondido—, Gregory llama a la cocinera y la somete al mismo interrogatorio. Una vez que ha obtenido la «declaración» de la cocinera, le tiende una Biblia y le ordena que bese el libro santo «jurando que dice la verdad». ¿A qué régimen de verdad obedece el enunciado «no he robado el cuadrito» cuando el propio culpable arranca esta confesión a un inocente? Es un enunciado sin sorpresas, una pregunta que incluye la respuesta, aunque la persona que responde no lo sabe. El simulacro de proceso —bajo la autoridad sobrehumana de la Biblia— intenta empujar a Paula a una falsa confesión instrumentalizando a la cocinera, que ignora que ella misma está siendo manipulada junto con su señora. Gregory obtiene con poco esfuerzo —este hombre nunca malgasta nada— un hecho disfrazado de confesión de la verdad: *nunca he robado el cuadro, así que confieso que no lo he robado.*

Para obtener el perjurio de Paula, Gregory pide a la cocinera que llame a la doncella. En contra de la opinión de su mujer, ha contratado a Nancy, con la que flirtea intensamente, convirtiéndola en cómplice (voluntaria) de las humillaciones a las que somete a su mujer. En ese momento, Paula se convierte en una «histérica»: «No, Gregory, no, esa mujer no. Diré lo que tú quieras, pero que no venga esa mujer...». Para el orador que hipnotiza a su presa con las armas mágicas del predicador, «diré lo que tú quieras» es una confesión. Logra su verdadero objetivo: convertir una afirmación verdadera (*no robé el cuadro*) en una capitulación (*pero admito que sí lo robé*). La capitulación atenta contra la razón y la lógica: yo no he robado, *pero* digo que sí lo he hecho. Socava la confianza humana en el lenguaje. Entonces, Gregory le corta la cabeza a un diálogo que en realidad nunca empezó: «Siéntate. ¿No me has oído? Siéntate».

El episodio del cuadro permite precisar la diferencia entre un hecho alternativo y hacer luz de gas. La finalidad de hacer luz de gas no es tanto deformar los hechos (por ejemplo, escondiendo un cuadro para crear una verdad alternativa: Paula es una ladrona) como pervertir radicalmente el lenguaje. Mediante el perjurio que consigue arrancarle a Paula, Gregory deforma la palabra *verdad*, que no es solo una palabra, sino una experiencia, una práctica, una relación, un intercambio. Al pervertir la palabra y la experiencia sensible que la acompaña, aniquila la confianza del sujeto en su propia sensibilidad, en sus percepciones y su memoria, que son las que pueden distinguir las «verdades de hecho». De esta forma, destruye el sujeto de la creencia. Y así fabrica a la esclava del *gaslighting*, asesinando la base de experiencia y pensamiento sin la que ninguna frase (ninguna vida) tiene sentido. El objeto ideal de la dominación totalitaria no es el nazi convencido o el comunista convencido, sino las personas para quienes ya no existen ni la distinción entre el hecho y la ficción (es decir, la realidad empírica) ni la distinción entre lo verdadero y lo falso (es decir, las normas del pensamiento).[11]

Nuestra época se caracteriza por la evaporación del uso humano del lenguaje.[12] La popularidad de la palabra *gaslighting* habla de esta evaporación. Ahora bien, sin un sentido compartido, que implica una conversación democrática en la que los interlocutores se pongan de acuerdo sobre el sentido de las palabras, el simulacro de conversación entre dirigentes políticos y ciudadanos acaba sumiendo a estos últimos en la duda que corroe a Paula. Y con «sentido compartido» no quiero decir *consenso*, sino *diálogo*. En *Para una crítica de la violencia*, Walter Benjamin define el diálogo como «una técnica de acuerdo civil»:[13]

> Pues en ella el acuerdo no violento no solo es posible, sino que la exclusión por principio de la violencia se halla expresamente confirmada por una circunstancia significativa: la impunidad de la mentira. [...] Ello significa que hay una esfera hasta tal punto no violenta de entendimiento humano que es por completo inaccesible a la violencia: la verdadera y propia esfera del «entenderse», la lengua.[14]

¿Qué es un auténtico matrimonio? Es un diálogo que descansa en un acuerdo que excluye la violencia. Es una técnica de acuerdo civil, todo lo contrario de las maniobras persuasivas del *gaslighting*, que pervierten el diálogo mediante la violencia del engaño.

CAPÍTULO 14

Ultimi barbarorum

El *gaslighting* es una *logología*,[1] es decir, como explica Barbara Cassin en relación con la sofística, un discurso que «hace ser», un discurso «demiúrgico» que «fabrica el mundo» y «hace que acontezca».[2] El hecho alternativo hace brillar el sol diciendo que hace bueno. Destruye la lluvia como si no existiera. Todo demiurgo tiene poder de crear y destruir. Creación y decreación, afirmación y negación, génesis y aniquilación, aparición y evaporación son las dos caras de un mismo poder. Gregory, el marido agresor, mucho más enamorado de las joyas que de las mujeres, coloca en el mismo plano la desaparición de los objetos (broche, cuadro, reloj) y la desaparición de los seres humanos (poco a poco hace desaparecer a su mujer Paula, deshumanizándola, cosificándola y convirtiéndola en un objeto). El *gaslighting* cruza rápidamente la línea que separa la desaparición de una mujer reducida al silencio de la negación de su existencia (la víctima muda nunca existió...). Por eso es también la matriz del negacionismo.

El *negacionismo* es un delito que consiste en negar la existencia de crímenes contra la humanidad.[3] El negacionista francés del Holocausto Robert Faurisson, falso historiador y auténtico activista de extrema derecha, ha dedicado su vida a negar el genocidio perpetrado por el régimen nazi y la realidad de las cámaras de gas. En

La diferencia, Jean-François Lyotard recurre al sofisma del caldero para desenmascarar la lógica de una pseudotesis histórica, llamada durante mucho tiempo *revisionismo* por sus inventores. Debemos negarnos a que este peligroso término nos haga luz de gas: el objetivo de los negacionistas no es *revisar* la historia, sino *negar* lo que Hannah Arendt llama «verdades de hecho».

Junto con *Los asesinos de la memoria*, del historiador Pierre Vidal-Naquet, *La diferencia* es una de las refutaciones más brillantes de la negación del Holocausto. Esta doctrina antisemita ha vuelto al primer plano en el contexto de una demolición de la verdad histórica, disfrazada de posverdad. Jean-François Lyotard demuestra que el negacionismo exige que las víctimas exterminadas por el nazismo *aporten pruebas de su exterminio*. Es decir, son los muertos, asesinados en las cámaras de gas, los que tienen que *dar testimonio* sobre las condiciones de su aniquilación. Sin embargo, «la víctima no puede probar que ha sufrido un agravio»[4] porque al convertirse en víctima *pierde* la posibilidad de probar el agravio que ha sufrido. El «crimen perfecto»[5] del negacionismo consiste en *neutralizar* las palabras de las víctimas, silenciar a los testigos, decretar que el testimonio es «inconsistente»,[6] negar la existencia de pruebas históricas y calificarlas de absurdas. Si el testigo (el superviviente del exterminio) «persiste en alegar este agravio como si hubiera existido», la estrategia negacionista definitiva consiste en «darlo por loco».[7] En esta lógica paranoica, «la realidad es siempre responsabilidad del demandante. Por eso corresponde a las víctimas de los campos de exterminio probar su caso».[8]

Jean-François Lyotard llama *différend* (litigio) al caso en que el demandante se ve privado de los medios de argumentar y se convierte así en víctima.[9] Aparece un litigio entre dos partes cuando la resolución del conflicto es imposible, ya que cada parte habla un idioma diferente. El negacionista, que se niega a hablar el lenguaje común a todos los seres humanos (un lenguaje en el que las palabras *realidad*, *testimonio* y *prueba* tienen un significado compartido), es un «Eichmann de papel»,[10] por utilizar la magnífica frase de Pierre Vidal-Naquet. Asesina por segunda vez a las víctimas de la dictadura nazi negando la realidad de su exterminio, profanando su memoria. Falsifica los hechos históricos y desacredita a los testigos. Finalmente, explica Jean-François Lyotard, reduce a los supervivientes al silencio, aniquilando la posibilidad misma del lenguaje. «La amenaza no se dirige contra un individuo identificable, sino contra la capacidad de hablar y de callar. Se amenaza con destruir esta capacidad».[11] El lenguaje es una *capacidad* que nos da una *responsabilidad*. «Entonces, los humanos que creían utilizar el lenguaje como instrumento de comunicación aprenden del sentimiento de desazón que acompaña al silencio [...] que son requeridos por el lenguaje».[12]

El agresor utiliza las palabras para tomar el poder y para destruir. Al manipular a un ser humano, el *gaslighting* destruye la promesa de un vínculo. La palabra es un vínculo social. El negacionismo, forma extrema de hacer luz de gas, es un intento de *desvinculación*. El agresor nunca se siente obligado por la responsabilidad del ser humano con el lenguaje, que engloba la preocupación por las palabras que cada cual dirige al otro y también la posibilidad de callarse. No se trata del silencio obligado de la víctima (el momento en que Paula, aplastada por el terror y la angustia, es incapaz de hablar, mientras Gregory concluye rápidamente que lo que pasa es que no tiene nada que decir), sino del silencio respetuoso frente a lo inexpresable, la reserva frente a lo indecible.

> El silencio de los supervivientes no es necesariamente un testimonio a favor de la inexistencia de las cámaras de gas, como cree, o hace que cree, Faurisson. También puede dar testimonio contra la autoridad del destinatario (no tenemos cuentas que rendir a Faurisson), contra la del propio testigo (nosotros, que nos hemos salvado, no tenemos autoridad para hablar de ello), contra la capacidad que tiene el lenguaje para representar las cámaras de gas (un absurdo imposible de expresar).[13]

Cuando el negacionista exige a los supervivientes que *demuestren* que han visto *realmente* las cámaras de gas, pervierte el sentido común de las palabras *prueba* y *realidad*. «Contestamos a Faurisson que nadie puede ver su propia muerte»,[14] replica Lyotard. Su fórmula irónica cierra el debate. Debemos escuchar en estos días la voz de Jean-François Lyotard y Pierre Vidal-Naquet, pues el espectro de los «Eichmann de papel» está presente en los debates contemporáneos. Los agresores, enarbolando hechos alternativos y posverdad, son los herederos de los negacionistas. Intentan manipular la opinión (desde los votantes a los periodistas, cuando estos últimos incorporan su vocabulario sin hacerse preguntas) y anexionarse el lenguaje, destruyendo toda referencia factual e histórica.

El *gaslighting* negacionista del Holocausto volvió al primer plano de la escena política europea con la elección de Giorgia Meloni como primera ministra de Italia.[15] La mujer que se identifica plenamente con el más autoritario de los poderes patriarcales ha exigido, en una circular, que se haga referencia a ella en masculino como «presidente del Consejo de Ministros, honorable Giorgia Meloni».[16] Es la prueba de que el *gaslighting*, que históricamente tiene una marca de género, es un fenómeno sistémico. El 19 de septiembre de 2022, Romano La Russa, miembro de Fratelli d'Italia, partido cofundado en 2012 por Giorgia Meloni,[17] y recién nombrado asesor de la región de Lombardía, fue filmado en el funeral de un activista de extrema derecha[18] realizando repetidamente el «saludo romano», entre cientos de activistas fascistas con el brazo derecho alzado como él.

El partido Fratelli d'Italia es descendiente directo del MSI, al que «el presidente Meloni» se afilió en 1992, cuando tenía quince años. El fundador del MSI, Giorgio Almirante,[19] ferviente defensor de las leyes raciales que llevaron a la deportación de 8.369 judíos italianos a Auschwitz en 1943, es el inventor del «posfascismo». Cuando fundó el MSI en 1946, declaró que *los fascistas nacidos tras la caída del régimen de Mussolini* se denominarían en adelante *posfascistas*. Por lo tanto, esta denominación es originalmente un truco de prestidigitación, es decir, una estrategia de *gaslighting* destinada a demostrar que el fascismo, y no solo el fascismo italiano, ya no existe por razones puramente cronológicas.

¿Por qué el episodio del saludo romano, desconocido en Francia, suscitó un debate público en Italia, que debemos situar en el contexto de la victoria electoral de la coalición de extrema derecha dirigida por Giorgia Meloni, y de la prohibición legal de un gesto considerado una provocación política?[20] Visualmente, y políticamente, el brazo derecho extendido del «saludo romano» es idéntico al saludo fascista y nazi.[21] Lo que pasa es que, históricamente, el saludo romano no existía en la Antigüedad. Hablar de «saludo romano» es caer en la trampa del *gaslighting* fascista. El episodio de Romano La Russa es un caso ejemplar de *gaslighting*, porque su justificación reproduce exactamente el argumento del caldero. Una vez que el vídeo se hizo viral, Fratelli d'Italia defendió a Romano La Russa en los siguientes términos:

> Está claro que el movimiento del brazo de Romano no tenía nada que ver con el saludo fascista, sino que era una invitación a los presentes para que se abstuvieran de usar este saludo. Basta con comprobar el movimiento de su brazo, que, por otra parte, no vuelve a utilizar en las ocasiones siguientes, un movimiento que el Tribunal de Casación ha dictaminado que no es delito si se realiza durante un funeral.

Vamos a traducir: Romano La Russa nunca hizo el saludo fascista; lo hizo para disuadir a otros de hacerlo; lo hizo, y es legal hacerlo. El *gaslighting* juega con el uso repetido de «por otra parte», lo que permite yuxtaponer proposiciones incompatibles. Freud hubiera aprobado la inteligente sustitución de «por otra parte» por «o bien... o bien» o «o si no... o si no», que, entre otras sutilezas, permite prescindir de la lógica. Este episodio permite medir el contagio de la «verdad alternativa» en Europa.

Y no hablo de *traducir* porque sí. Efectivamente, una de las características del *gaslighting* es que su lenguaje requiere una traducción para ser comprendido. Y hablo aquí de un uso desviado de la traducción, lo que el traductor Olivier Mannoni analiza en su ensayo *Traduire Hitler*: «Este uso desviado de la lengua no era algo accesorio: era la quintaesencia del nacionalsocialismo».[22] La nueva lengua introducida por el nazismo está «atrapada en la ganga de una lengua falaz»[23] y en «una confusión lingüística que era una de las características principales del lenguaje nazi y permitía ante todo la confusión del pensamiento».[24] Olivier Mannoni (traductor de *Mein Kampf*) compara las técnicas «lingüísticas» de Hitler con las de Donald Trump. Se pregunta qué enmascara su aparente «incompetencia lingüística»,[25] y la «ausencia de complejidad que es sustituida por otra complejidad, una que crea la ilusión de que estamos tratando con un pensamiento profundo y denso cuando todo lo que tenemos es papilla intelectual podrida»,[26] «lenguaje absurdo»,[27] «logorrea que conduce a la "verdad alternativa", la brutalidad, la violencia y el odio».[28]

¿En qué condiciones puede un ser humano sobrevivir a este régimen bárbaro del lenguaje que, en el caso de tribunos como Trump o Meloni (los bárbaros más bárbaros),[29] se basa en un «arte del engaño»?[30] Una vez más, luz de gas nos da la clave. Para disipar el efecto hipnótico del *gaslighting* y la confusión mental que suscita, es necesaria la mediación de un testigo. Su función es dar fe de la realidad de la experiencia de la víctima. En la película de George Cukor, el testigo es un joven policía, antiguo admirador de la cantante de ópera Alice Alquist. Cuando era niño, iba a verla a su camerino después de asistir a la representación: «Nunca la olvidé». La palabra del testigo toma el relevo de la voz de la cantante estrangulada. La mirada del testigo da nueva vida a las dos mujeres convertidas en cadáveres por un mismo hombre. Alice fue asesinada, a

Paula le hicieron luz de gas. El testigo devuelve a Paula el derecho a opinar. Durante el recital en el que Gregory escenifica el robo del reloj, George Cukor se detiene en el rostro empático del policía, en su perspicaz mirada inquisidora y clarividente. Es el único que lucha para que se reabra el caso del asesinato de Alice en Scotland Yard. Hacen falta dos personas para hacer luz de gas y tres personas para escapar de la situación.

El testigo no es necesariamente una persona. Un diario íntimo puede desempeñar este papel. Lo vemos en el caso de la violencia doméstica, donde las asociaciones suelen aconsejar a las víctimas que escriban escrupulosamente lo que han sufrido. El reto consiste en restablecer el diálogo con uno mismo que el *gaslighting* ha destruido aniquilando toda forma de conexión, incluida «la capacidad de convivir explícitamente con uno mismo, tener contacto con uno mismo, esto es, entablar ese diálogo silencioso entre yo y yo mismo que, desde Sócrates y Platón, solemos llamar pensamiento».[31] La confusión mental inducida por el *gaslighting* también hace que se desvanezca la capacidad de pensamiento y la autonomía de juicio.

Que los seres humanos pueden liberarse mentalmente del totalitarismo registrando meticulosamente sus observaciones es la lección del excepcional diario que el filósofo Victor Klemperer llevó bajo la dictadura nazi a partir de 1933: «En aquellos años, mis diarios me servían una y otra vez de balancín, sin el cual habría caído cientos de veces. En las horas de asco y de desesperanza [...], siempre me ayudaba esta exigencia que me planteaba a mí mismo: observa, analiza, guarda en la memoria lo que ocurre —mañana será diferente, mañana lo percibirás de otra manera—; regístralo tal como actúa y se manifiesta en el momento».[32] Victor Klemperer escribió en su diario un completísimo relato de la destrucción de la lengua alemana por la *novlengua* nazi. De este cuaderno de bitácora dependía la supervivencia de su autor, pero también la supervivencia universal del lenguaje. «Pues así como se suele hablar del rostro de una época o de un país, la expresión de una época se define también por su lenguaje. [...] El lenguaje saca a la luz aquello que una persona quiere ocultar de forma deliberada, ante otros o ante sí misma, y aquello que lleva dentro inconscientemente».[33]

El diario es el archivo del individuo aplastado por el poder totalitario. Es un acto de rebeldía contra la dimensión íntima del poder, que no solo controla las palabras y las acciones, sino también lo más privado de la vida: los pensamientos y los sueños. Por eso la resistente Charlotte Beradt tuvo la intuición de recopilar los sueños de hombres y mujeres que vivían bajo el Tercer Reich, un régimen que también había asesinado el sueño.[34] Por eso el protagonista de *1984*, de George Orwell, expresa lo que le queda de libertad y dignidad en su diario clandestino:

> Era como un fantasma solitario diciendo una verdad que nadie oiría nunca. De todos modos, mientras Winston pronunciara esa verdad, la continuidad no se rompería. La herencia humana no se continuaba porque uno se hiciera oír, sino por el hecho de permanecer cuerdo. Volvió a la mesa, mojó en tinta su pluma y escribió:
>
> Para el futuro o para el pasado, para la época en que se pueda pensar libremente, en que los hombres sean distintos unos de otros y no vivan solitarios... Para cuando la verdad exista y lo que se haya hecho no pueda ser deshecho.
>
> Desde esta época de uniformidad, de este tiempo de soledad, la Edad del Gran Hermano, la época del doblepensar... ¡muchas felicidades!
>
> Winston comprendía que ya estaba muerto. Le parecía que solo ahora, en el momento en que empezaba a poder formular sus pensamientos, era cuando había dado el paso definitivo.[35]

La función esencial del testigo es devolver a la víctima la credibilidad que el agresor le ha negado. Destruir la credibilidad es el resorte más íntimo del *gaslighting*.

ACTO 3

Creer a Casandra

¿Durante cuánto tiempo podemos conservar el yo cuando hemos perdido la lengua? Esta idea singular: una Casandra, si surgiera (y existe), no la reconocería, pues no podría comprender su discurso; si la rabia la atrapara, como la Casandra de los tiempos antiguos, no sabría qué pensar cuando uno de estos policías tan peripuestos viniera, no sin razón, a calmarla, pero también a avisarla, a llamarla al orden y después sujetarla con sus manos enguantadas de blanco, alejarla del círculo de los curiosos y obligarla a subir en una ambulancia que estaría esperando en una calle cercana.

CHRISTA WOLF, *Casandra*[1]

CAPÍTULO 15

La verdad hecha mujer

ESTROFA 1

CASANDRA *(cascada de sollozos cantados)*. ¡Ay de mí! ¡Dioses! ¡Horror! ¡Oh, Apolo, Apolo!

CORIFEO. ¿Por qué has invocado a Loxias? No es su naturaleza adecuada a acudir al encuentro de quienes lloran.

ANTÍSTROFA 1

CASANDRA *(cascada de sollozos cantados)*. ¡Ay de mí! ¡Dioses! ¡Horror! ¡Oh, Apolo, Apolo!

CORIFEO. De nuevo esta invoca con palabras del mal augurio al dios al que no corresponde presentarse en lugares donde haya gemidos.

CASANDRA. ¡Oh, Apolo, Apolo! ¡Divinidad de los caminos, mi destructor, pues me has destruido sin sentir pena por segunda vez!

CORIFEO. Parece que va a vaticinar sobre sus propias desgracias. La inspiración divina permanece en su mente, aun siendo esclava.

ANTÍSTROFA 2

CASANDRA. ¡Oh, Apolo, Apolo! ¡Divinidad de los caminos, mi destructor! ¿Adónde, adónde me has traído? ¿A qué clase de casa?

CORIFEO. Ya conocíamos tu fama como profetisa, pero no andamos buscando adivinos.[1]

A Apolo no le gustan las mujeres que gimen, las mujeres que lloriquean, las mujeres que sollozan, las hembras que se lamentan. «Una mujer que llora es una mentira».[2] A Apolo no le gustan sus «lamentos quejumbrosos».[3] Salvo que Apolo hace llorar a Casandra. Es una vieja historia: un hombre hace llorar a una mujer. Y luego se enfada porque su voz quejumbrosa y su llanto obsceno lo perturban, a él y al orden social, que se ve amenazado por los arrebatos del dolor femenino. Es fácil pasar «del dolor a la ira, de la ira a la secesión»[4] y después al asesinato, se preocupan el dios y el tirano, el dios-tirano.

Apolo no violó a Casandra. La abstención es infrecuente, por no decir inédita,[5] en una galería de heroínas mitológicas violadas por los dioses que confunden disfraz y consentimiento (Zeus disfrazado de cisne para violar a Leda); en mitos que transforman la violación en rapto. Apolo ha «caído pesadamente sobre ti»,[6] dice el coro de *Agamenón* de Esquilo a Casandra, antes de reconocer que «un dios no te quiere bien».[7] No obstante, el «grito desprovisto de melodía»[8] de Casandra hiere los oídos. Llora por sí misma, igual que gime «el pajizo ruiseñor, insaciable de trinos».[9] Por decirlo claramente, su llanto desafina, su llanto está equivocado.

CORIFEO. ¿De dónde sacas esas funestas desgracias que te asaltan con violencia bajo la inspiración de alguna deidad? ¿Por qué esos presagios horrendos cantas con ritmo, con lúgubres gritos y tonos agudos? ¿De dónde conoces en tu profético camino los hitos que indican desastres?

ESTROFA 7

CASANDRA *(gritos agudos de dolor)*. ¡Ay, bodas, bodas de Paris, causa de muerte de los tuyos!

(gritos agudos de dolor)

[...]

¡Ahora, en cambio, parece que pronto vaticinaré junto al Cocito y las orillas del Aqueronte!

CORIFEO. ¿Por qué has pronunciado con tan excesiva claridad este vaticinio?

[...]

Herido me siento por el mordisco asesino de tu mala fortuna.[10]

La voz demasiado aguda de Casandra es insoportable, como lo era la de sus hermanas gorgonas, furias, sirenas, ninfas y otras mujeres que cantan, enmudecidas o estranguladas por el orden patriarcal. La profetisa Casandra aporta un matiz importante a la genealogía del *gaslighting*: lo que es intolerable es la sabiduría, la *verdad* de su mensaje. Casandra habla alto y claro, y con verdad. «La extranjera parece tener buen olfato, como si fuera una perra de caza, y sigue una pista en la que hallará un asesinato». Casandra cuando busca es tenaz, «hallará un asesinato».[11] La cascada de sollozos cantados, los gritos de horror, los gritos sollozantes, los gritos horrorizados, los gritos de dolor de Casandra (grita siete veces el nombre de Apolo, su destructor)[12] son acogidos con *incredulidad* unánime.

CORIFEO. Tienes la mente delirante, poseída por la deidad.[13]

Casandra delira. Casandra está loca. Puf. «Se acabó».[14] La palabra de Casandra se ha desvanecido. Su palabra o, más bien, su *credibilidad*.

En la historia antigua del *gaslighting*, cuyo sangriento rastro sigue este libro, como un perro, Casandra marca una etapa. El orden patriarcal (marido, dios, dirigente político, profesor, médico) da en hueso. Casandra no es como Paula, que pierde la razón y la voz. Casandra no es como Nora, que hace muecas comiendo caramelos. Casandra no es un ama de casa que recorre constantemente su casa demasiado limpia. Casandra no es una Helena caprichosa. ¡Casandra tiene un don!

El don de la profecía da a Casandra una posición excepcional. Sin equivocarse jamás, predice el futuro. Este don se debe a su belleza.[15] Homero compara a «la hija más bella del atrida»[16] con una Afrodita de oro. Porque es bella, el dios quiere acostarse con ella. «¿Acaso fue herido, a pesar de ser dios, por deseo amoroso?»[17] Para acostarse con ella, le hace entrega del don de la adivinación. Casandra acepta el regalo. Acepta el regalo, pero no al dios. «Luego de haber consentido, no le cumplí mi palabra».[18] Entonces Apolo se venga. Le escupe en la boca, añadiendo al don (que ya no le puede quitar) una maldición: «Por haber cometido esta falta, ya no convenzo a nadie de nada».[19] *Nadie*, empezando por la familia de Casandra, los atridas, que acumulan cadáveres y desgracias, pasados, presentes y futuros.

El don de Casandra es ambivalente. La convierte en mensajera de los dioses, superior a los seres humanos. Sin embargo, la maldición que hace ineficaces sus profecías la rebaja al mismo tiempo al nivel de los hombres. Perra, ruiseñor, golondrina, toro, leona, pantera, mosca, ternera, «Casandra es degradada al rango de los animales por la forma en que la miran los hombres».[20] Su lucidez total, las visiones que la poseen dan miedo. La castigan por su clarividencia. A diferencia de otros adivinos de la Antigüedad, que a veces se cruzan con *un* ser incrédulo, «Casandra se enfrenta a la incredulidad *general*».[21]

¿Por qué decimos que Casandra es una de las heroínas originarias del *gaslighting*? Precisamente por esta distancia: la verdad que sale de su boca, manchada por la saliva de Apolo (a falta de su esperma), es recibida con una incredulidad absoluta que silencia su sabiduría. Un pueblo entero se niega a creer a la profetisa que nunca se equivoca. Sus interlocutores hacen como si no entendieran su lengua bárbara, como Clitemnestra, cuando sugiere que habla «desconocida y bárbara lengua»,[22] cuando en realidad Casandra grita la verdad en griego:

CLITEMNESTRA. Pero si no entiendes el significado de mis palabras por no comprender nuestra lengua, en lugar de hacerlo mediante lenguaje, explícalo con señas de tu mano extranjera.

CORIFEO. Tengo la impresión de que la extranjera necesita un intérprete que se lo explique con claridad.[23]

Con fingida incomprensión (*no entiendo nada de lo que dices, ¿qué quieres decir? Habla claro*), la incredulidad es una táctica retorcida del agresor y de sus cómplices. *¿Estás segura? ¿Tienes pruebas? Muéstrame sus cartas, sus mensajes...* A veces, los cómplices pertenecen al entorno más cercano de la víctima (criadas de Paula, médico de Nora; parientes, amigos, colegas, que el agresor logra convertir en aliados, en caso de que no haya logrado aislar plenamente a su presa). Sin contar con las miradas desprovistas de empatía, la expresión recelosa, la frialdad, los gestos de desconfianza imposibles de describir sin que pase por loca o por paranoica. *¡Eres una exagerada! ¡Siempre lo complicas todo! ¡Tienes demasiada imaginación!*

Esta tragedia de una mujer que habla con la verdad, a la que nadie quiere escuchar, se remonta a Casandra. ¿Por qué nadie cree *nunca* a la profetisa, que se expresa en un idioma totalmente claro? ¿Por qué la mujer griega es excluida por su familia y su pueblo, que la tratan como si fuera una extranjera, una bárbara? Sus visiones y su conocimiento dan miedo a los hombres orgullosos, a los hombres obtusos. Al igual que Medusa, «la verdad de la que es portadora la convierte en algo monstruoso o repugnante».[24] Una mujer bella, sabia y virgen es algo intolerable. Casandra se niega a que su cuerpo sea *poseído* por Apolo. Sin embargo, ella *posee* un saber divino. «Aceptar las palabras de Casandra es aceptar que la verdad o dios sea (también) una mujer. Aquí es donde descansa su singularidad».[25]

Marcel Détienne ha demostrado que, en el sistema griego, la verdad no es un concepto: es inseparable de la palabra, de sus ambigüedades y de su *eficacia*. Las palabras verdaderas de Casandra, que despiertan la incredulidad, son ineficaces. Es la primera de un largo linaje de mujeres poco creíbles. El mito de Casandra nos habla de la voz impotente, del lenguaje desvanecido, de la verdad privada de credibilidad, y por tanto de realidad, de la mujer a la que han hecho luz de gas. En cambio, el agresor controla una palabra eficaz que recaba adhesiones; goza de un poder de persuasión capaz de hacer trucos de prestidigitación.

> Al igual que *pistis* [la confianza del hombre en un dios o en la palabra de un dios], *peizo* [el poder de la palabra tal como se ejerce sobre los demás, su magia, su seducción] es un aspecto necesario de la *alezeia* [la verdad], el ejemplo de Casandra muestra su importancia para el funcionamiento de la palabra mágico-religiosa. Casandra es una «profetisa veraz (*alèthomantis*)»; no es una de esas adivinas que «intentan engañar», pero, por haber traicionado un juramento, por haber burlado la *pistis*, ha sido privada por Apolo del poder de persuadir: su palabra no tiene poder sobre los demás. Es un defecto tan grave que, aunque su discurso sea eficaz, Casandra no parece poder decir más que palabras «vanas» (*akranta*) o «poco fiables»: privada de *peizo* [poder de la palabra], está al mismo tiempo privada de *pistis* [confianza en *su* palabra]. Incapaz de persuadir, la *alezeia* [verdad] de Casandra se ve condenada, por así decirlo, a la «no realidad»; su *alezeia* de profetisa se ve amenazada en sus mismos cimientos.[26]

¿Cuál es la verdad de Casandra? ¿Qué dice esta *verdad hecha mujer*, que grita, dice palabras incomprensibles y que nadie desea escuchar? La palabra de una mujer está históricamente ligada a su cuerpo. El cuerpo de Casandra (su belleza) le valió el don de la adivinación. El cuerpo de Casandra (su ausencia de consentimiento) le valió la maldición. La verdadera venganza de Apolo fue *separar* la belleza de Casandra de la verdad que salía de su boca. Ya que cerró su segunda boca al dios belicoso jadeante de deseo, él cierra con un candado la boca que habla. Lo que sale de ella no existe. Una mujer hermosa que rechazó al dios no dice la verdad. Una mujer hermosa que rechazó al dios carece de sabiduría. Una mujer hermosa carece de sabiduría. Una mujer hermosa es insensata; es idiota y está loca. Una mujer que habla con la verdad no es verosímil. Una mujer que habla no es verosímil. «En todo momento, ya desde entonces, se ha mantenido la idea de que la pérdida de credibilidad está vinculada a hacer valer los derechos sobre tu propio cuerpo»,[27] observa Rebecca Solnit. Así es como todas, con nuestros grandes esfuerzos para comprender el sentido de lo que decimos tras la pantalla de nuestro cuerpo (siempre demasiado, o demasiado poco, hermosas, jóvenes, delgadas, disponibles...), somos las herederas de Casandra. «Mi belleza es como una máscara que no me puedo quitar», decía la actriz e inventora Hedy Lamarr. Su rostro enmudecía las conversaciones, empezando por la suya, cuyo talento científico fuera de lo común no se le reconoció en vida.[28]

Cuanto más grita Casandra (*¡Hablas demasiado fuerte!*), menos la escuchan. Cuanto más grita Casandra, más la acusan de mentiro sa o de loca (*¡Estás delirando!*). La historia acaba mal. Cautiva de Agamenón, asesinada por Clitemnestra, murió mucho más joven que cualquiera de los adivinos de la Antigüedad. Los gritos de Casandra son el lenguaje «bárbaro» de una mujer reducida al silencio. Cuanto menos la cree su familia, más grita. El grito es una llamada de socorro de la mujer reducida al silencio. Wes Craven lo vio claro. Casandra es el personaje clave de la segunda entrega de la serie *Scream*, que trata específicamente del grito femenino.[29] ¿Cómo hacer gritar a una mujer? El asesino de *Scream* utiliza el teléfono para llamar a su víctima y atraparla en el interior de una casa donde, en realidad, él la está esperando.

> CASANDRA *(grito de horror)*. ¡Ah, ah! ¡Sí! ¡A una casa que odian los dioses, testigo de innúmeros crímenes en los que se asesinan parientes, se cortan cabezas, a una casa que es matadero de hombres y a un solar empapado de sangre![30]

En *Scream 2*, al son del *Aria de Cassandra*,[31] Sidney,[32] con un velo rojo, interpreta a la antigua profetisa. Es la única que adivina que el asesino ha vuelto. Nadie la cree ni se compadece del dolor de una chica cuya madre ha sido violada y asesinada. Su profesor de teatro la anima cínicamente a identificarse con el destino trágico de su personaje: «Casandra sabía que estaba maldita. Era su destino y lo aceptó». El principio de la maldición es que no tiene fin. La *Orestiada* también es una «franquicia», como *Scream*. No hay final feliz, solo una nueva tragedia que representa de nuevo la misma maldición, con héroes que cambian de máscara ante el mismo coro de espectadores impotentes. La casa familiar de *Scream* es también la de los atridas. La *Orestiada* es la matriz de todas las películas de terror: investigación genealógica sobre una familia (*la* familia) desde el círculo restringido de los personajes hasta la familia más amplia del pueblo griego y de los Estados Unidos.

En Estados Unidos también hubo una auténtica Casandra «prisionera política» nunca reconocida como tal, de una célula familiar ampliada a la gran familia de la Casa Blanca. La Casandra estadounidense se llama Martha Mitchell.[33] La esposa del fiscal general de Nixon, John Mitchell, reveló públicamente (en la prensa, en la televisión, en una comisión de investigación) que la Casa Blanca había sido responsable en el caso Watergate. «Sin Martha Mitchell, no habría habido caso Watergate», admitió Richard Nixon.[34] La «Casandra del Watergate» (apodo póstumo) fue secuestrada, encerrada, golpeada, drogada, tildada de loca, internada, repudiada por su marido, su hija y sus familiares, que la abandonaron cuando enfermó gravemente.

Martha Mitchell, cuya libertad de expresión le valió el apodo de *Martha the Mouth* (Martha la Bocazas), había sido una niña disléxica, con dificultades para leer en voz alta, pero a la que le encantaba cantar en el coro de la iglesia. Su madre la animó a tomar clases de canto por todo el país, con la esperanza de verla convertida en cantante. En 1937, en el anuario de su último año en la escuela,

Martha Mitchell escribió un singular autorretrato a partir de la descripción de su propia lengua: «Me gusta su gorjeo, me gusta su suave fluir, me encanta doblar mi lengua hacia arriba y me encanta dejar que se relaje». La joven Martha, que adoraba cantar y charlar, ignoraba sin duda el destino fatal de las heroínas de la Antigüedad, castigadas por haber gozado del uso de su boca y de su lengua. Pensaba que su pronunciado acento sureño (había nacido en Arkansas) había obstaculizado su aprendizaje del griego y del latín. Su acento le valdrá un apodo, *the Mouth of the South* (la Bocazas del Sur). En la tragedia de Esquilo, en lugar de escuchar las profecías de Casandra, el coro decreta que el oráculo bárbaro habla demasiado alto, y demasiado mal. En el caso de Martha Mitchell, el coro de espectadores impotentes, o cómplices, fue la clase política de Washington, que nunca se tomó en serio a esta vulgar ama de casa sureña que no dominaba el lenguaje patricio, a esta bocazas que se negaba a permanecer en la sombra, el único lugar adecuado para la esposa de un estadista. No es casual que Julia Roberts, una estrella con una boca enorme, interprete a Martha Mitchell en la serie *Gaslit,*[35] como un trágico eco de la denunciante Erin Brockovich,[36] su mejor papel.

El segundo marido de Martha, John Mitchell, fue nombrado fiscal general tras la elección de Nixon como presidente en 1968. En su hermosa casa de Washington, la esposa, apasionada de la política, abre mucho la boca a falta de cantar ópera como Alice Alquist. A altas horas de la noche, no es raro que llame por teléfono a periodistas y revele información obtenida de los archivos de su marido o espiando sus conversaciones. Poco a poco, Martha se va haciendo famosa por su voz. Aparece regularmente en tertulias televisivas, dando su opinión sobre la guerra de Vietnam y la política presidencial. A menudo sale en las fotografías con la boca abierta, a veces con el teléfono en la mano, con el aire burlón de una cotilla «excéntrica»[37] que está a punto de desvelar los secretos de Estados Unidos. Su cara fue portada de *The Time* el 30 de noviembre de 1970, con el pie de foto «Las esposas de Washington».

En un primer momento, su reputación de franqueza y de falta de autocensura fue útil para el Partido Republicano y para la carrera de su marido, aunque los electores conservadores le compadecían por tener una mujer tan poco discreta. «Tener una esposa que no te haga sombra» era para Nixon la regla de oro para triunfar en la política.[38] Nombró a John Mitchell para dirigir el Comité de Reelección para la campaña de 1972. Una semana antes de la intrusión en las oficinas del Partido Demócrata en el edificio Watergate en junio de 1972, los Mitchell viajaron a California para captar fondos. Durante su estancia, John Mitchell dio una rueda de prensa para negar toda implicación del comité en la intrusión, a pesar de que era uno de los organizadores de la operación clandestina. Regresa solo a Washington y convence a su mujer para que prolongue sus vacaciones en California, ocultando que ha contratado a su guardaespaldas, Steve King, exagente del FBI, para que la vigile y le impida hablar con los periodistas. En un artículo publicado en *Los Angeles Times*, «Martha la Bocazas» descubre que el jefe de seguridad del Comité de Reelección y el guardaespaldas y chófer de su hija figuran entre los detenidos, lo que contradice la versión oficial. Su marido se niega a atender sus llamadas. Así, la noche del 22 de junio, Martha llama a la periodista Helen Thomas,[39] corresponsal acreditada en la Casa Blanca. En *Gaslit*, la recreación de la noche en que Martha Mitchell se convierte en Casandra parece una escena sacada de una película de terror. Julia/Martha sale de su habitación. Se escabulle hasta el teléfono y llama a Helen Thomas para contarle lo que está pasando. De repente aparecen los guardaespaldas, la maltratan e interrumpen la llamada. Cuando la periodista intentó localizarla en su hotel, la operadora respondió que Martha Mitchell «no se encontraba bien». Helen Thomas, preocupada, se puso en contacto con el marido de Martha. El organizador del secuestro de su esposa responde con tremendo desparpajo: «That little sweetheart. I love her so much. She gets a little upset about politics, but she loves me and I love her and that's what counts» [«Querida mía. La quiero tanto... Cuando se trata de política se pone muy nerviosa, pero me ama y yo la amo y eso es lo principal»].

Helen Thomas explicó más tarde que había oído a alguien arrebatar el teléfono de las manos de Martha Mitchell y a una mujer gritar «¡Márchense!». Unos días después de esta llamada nocturna de socorro, Marcia Kramer, periodista del *New York Daily News*, localizó a Mitchell en Nueva York. Descubrió a «una mujer maltratada», con «espantosos» cardenales negros y azules en los brazos. Martha Mitchell le contó que, durante la semana siguiente al allanamiento del Watergate, había estado encerrada en un hotel californiano y que Steve King había arrancado el cable del teléfono de la pared. Tras un primer intento de escapar por el balcón, King salió corriendo para atraparla, la tiró al suelo y la golpeó. Al día siguiente, intentó escapar por las escaleras, pero King la detuvo delante de una puerta de cristal. Durante el altercado, la mujer, que se define como «presa política», se cortó la mano izquierda y tuvieron que darle seis puntos de sutura en dos dedos.[40] El abogado personal de Nixon, Herb Kalmbach, acudió de refuerzo al hotel y un médico le inyectó un tranquilizante. En aquel momento, Martha Mitchell ignoraba que su marido había instigado el ataque para silenciarla, por orden de la Casa Blanca. Superando el terror que ya nunca la abandonó, reveló públicamente lo que le había pasado. Sus denuncias quedaron relegadas a las páginas interiores de los periódicos (*The Times*, *The Washington Post*, *New York Daily News*) que habían dado cobertura de primera plana al asunto Watergate. Los ayudantes de Nixon la desacreditaron, diciendo a la prensa que tenía un «problema con la bebida» (su consumo de alcohol estaba en la franja superior del de las personas de su círculo) y que se había estado recuperando en el Hospital Silver Hill, una institución psiquiátrica de Connecticut. Los Estados Unidos de Nixon no necesitan adivinos, como tampoco la Grecia de los atridas. «*But we're not in the market for prophets — anymore*».[41]

En mayo de 1973, Martha Mitchell tuvo el valor de declarar bajo juramento ante el abogado Henry B. Rothblatt como parte del caso del Partido Demócrata contra el Comité de Reelección. En septiembre, su marido abandonó abruptamente el domicilio conyugal, llevándose consigo a su hija Marty, de doce años. Los dos esposos no volvieron a verse.[42] Martha Mitchell fue abandonada por su familia, a excepción del hijo de su primer matrimonio. En febrero de 1975, James McCord, exguardaespaldas de Martha Mitchell, entonces jefe de seguridad para la reelección de Nixon y condenado por su implicación en el Watergate, confirmó que había sido maltratada físicamente, encerrada y drogada contra su voluntad: «Lo que dice Martha es la verdad: esta mujer ha sido secuestrada. Creo que Martha desconocía la mayoría de las actividades de su marido. John no quería que lo supiera. La encerraron y empezó a temer por su vida». Añadió que Haldeman, entonces jefe de gabinete del presidente Nixon, había participado «en numerosas maniobras de la Casa Blanca para desacreditar a Martha Mitchell. Estaban muy celosos de su popularidad y su franqueza los asustaba».[43] Martha Mitchell, tras la publicación de la entrevista de James McCord, reaccionó diciendo: «Gracias a Dios que alguien me ayuda».

En su libro *Watergate: A New History*,[44] Garrett Graff escribe que el importante papel de Martha Mitchell como denunciante ha sido borrado de la historia del Watergate por misoginia. Martha empezó a escribir sus memorias en 1973, pero nunca firmó un contrato de publicación por miedo a dejar de recibir la pensión alimentaria. El desenlace, lógicamente, es trágico. En 1975, Martha Mitchell enfermó gravemente y murió el 31 de mayo de 1976 a la edad de cincuenta y siete años, sin dinero y rodeada de un pequeño círculo de amigos. El último acto del hombre que sigue siendo legalmente su marido, y que llegó tarde al funeral con su hija, fue cerrar la ceremonia al público. Sin embargo, enormes multitudes se congregaron en torno al cementerio y en las calles aledañas. Los ciudadanos que habían acudido a rendir homenaje a su Casandra, por admiración hacia la trayectoria de una mujer que había ignorado, a costa de su vida, las normas, ataduras y mentiras de su entorno y de su país conservadores, debieron de emocionarse al contemplar la inmensa corona enviada anónimamente, donde las flores dibujaban este mensaje:

«MARTHA TENÍA RAZÓN».

CAPÍTULO 16

Vive locamente y ¡cállate!

En 1976, el año en que «la Bocazas del Sur» enmudece definitivamente, un profesor de Psicología de la Universidad de Harvard, Brendan Arnold Maher,[1] describió el «efecto Martha Mitchell» como el error médico de un especialista en salud mental que interpreta una percepción real como un delirio. ¿Cómo se explica este error? Los prejuicios sexistas llevaron a los médicos a atiborrar a «Martha la Bocazas» con psicofármacos contra su voluntad, neutralizando las verdades que decía. Sin la complicidad de la profesión médica, y su diagnóstico (Martha delira, alucina, está histérica, paranoica), la familia (cercana y extendida a la clase dirigente) de la Casandra del Watergate habría tenido muchas más dificultades para hacer luz de gas a esta «prisionera política», privada de libertad en su propia casa. En el caso de la Casandra del Watergate, la luz de gas nacional y la doméstica son la misma cosa. «Martha la Bocazas» fue simultáneamente víctima de un marido manipulador y del poder supremo, y ambos se combinaron para crear el episodio más asombroso del escándalo Watergate. Aislarla, descalificarla, estrangular su voz y someterla a injustos interrogatorios tenía como objetivo «revestir la textura de la realidad» con el «falso tejido»[2] en el que Hannah Arendt demostró que se basaban las políticas de la Administración Nixon, no solo su política de defensa.

Según Brendan Arnold Maher, el «efecto Martha Mitchell» refleja el sesgo de género que existe en el diagnóstico psiquiátrico. La fascinación y el miedo que despertaba Martha Mitchell son inseparables del descabellado diagnóstico de «histérica» bajo el que la enterraron su marido y su país. «No seas histérica, Paula», dice el agresor paternalista para cortar de cuajo cualquier protesta. En la película de George Cukor, Gregory parece vagamente asqueado, como si el flujo verbal de la esposa histérica fuera obsceno, como si el espectáculo de las dos bocas de la mujer hablando al mismo tiempo fuera repugnante. «Es desconcertante y perturbador tener dos bocas»,[3] ironiza Anne Carson cuando estudia «la cacofonía» de la voz y del útero que hace enmudecer el orden patriarcal. Pues el autocontrol que supuestamente define al género masculino desde las teorías anatómicas griegas no puede tolerar el peligro que supone la incontinencia femenina para el orden social. «Tota mulier in utero»: toda la mujer está en su útero, o el útero resume a la mujer. La fórmula, atribuida a Hipócrates,[4] está en el origen de un sistema de jerarquización degradante para la mujer. En el siglo v antes de Cristo, el teórico de los humores definió una diferencia no solo de órganos, sino de esencia, entre el cuerpo masculino (cuyo temperamento asocia al calor y la sequedad) y el cuerpo femenino (frío y húmedo).

La intervención de Aristóteles no extrañará a nadie. Introduce una jerarquía entre el hombre, que contiene la forma, y la mujer, receptáculo informe y pasivo. En su clasificación, que descansa en la tabla pitagórica de los contrarios,[5] la hembra está situada del lado de lo infinito, lo curvo, lo malo. Está ontológicamente degradada con respecto al macho. La mujer está del lado de lo húmedo, es decir, de lo que no puede ser contenido por un límite propio, al tiempo que otra cosa lo puede fácilmente delimitar. En cambio, el varón está del lado de lo seco.[6] Además,

> Aristóteles trata de establecer la idea de que las mujeres son inferiores a los hombres, intentando demostrar que existe una diferencia

> de naturaleza entre ambos, al igual que la diferencia entre materia y forma es de naturaleza y no meramente de grado. Efectivamente, el mármol, que es la materia, no tiene la misma naturaleza que la forma de la estatua que el escultor se representa en su mente y se propone crear. Ahora bien, según Aristóteles, la materia no puede ser conformada o estructurada por la forma sin oponer resistencia. Esta resistencia es la fuente de todo desorden, de toda imperfección, es decir, de la distancia con respecto a la perfección de la forma. Así pues, según Aristóteles, la mujer es al hombre lo que la materia a la forma; dejarla a su albedrío o poner en sus manos responsabilidades políticas es correr el riesgo de hacer caer la sociedad en el desorden.[7]

El razonamiento aristotélico pasa por una serie de desplazamientos, de una diferencia anatómica (imaginaria) entre el hombre y la mujer a una diferencia ontológica, que supone la exclusión política de las mujeres. De esta oposición de género entre forma y materia, Aristóteles deduce rápidamente que el nacimiento de una hija es promesa de desorden, ya que es una realización incorrecta del principio masculino de la forma. Esta diferencia de género, por muy monstruosa que sea, es necesaria, ya que mantiene la distinción de sexos sobre la que descansa la conservación del género humano.

¿Qué relación hay entre la genealogía del *gaslighting* y la noción de histeria? La invención de la histeria es una etapa crucial de la marginalización y la exclusión de la palabra de las mujeres. De hecho, la matriz húmeda es tan ilimitada como incontrolable y descontrolada es la aguda voz femenina.

> Los prejuicios sobre las mujeres que sostienen las opiniones de Platón, Aristóteles y los pitagóricos pueden rastrearse en las leyendas más tempranas de los griegos. El mito es también una lógica. En el mito, los límites de la mujer son flexibles, porosos, mutables. Su poder para controlarlos es inadecuado, su atención a ellos, poco fiable. Está sujeta a deformación. Se hincha, se encoge, tiene pérdidas, es penetra-

da, sufre metamorfosis. Las mujeres de la mitología pierden regularmente su forma para caer en la monstruosidad.[8]

Un fluido se desliza desde las tres bocas de la mujer: un dulce caudal incontrolable que sale de la «gran boca» que hace funcionar con su lengua; exceso de humor que contamina la matriz; cabello que brota de su cráneo (vacío), como el nido de serpientes de la Gorgona. Como explica la filósofa Elsa Dorlin, en la serie documental de Pauline Chaunu *Los fantasmas de la histeria. Historia de una palabra confiscada*, en la emisora de radio francesa France Culture, «en su cuerpo hay exceso de humores. La matriz (el útero) se percibe como centro de los desajustes de la mujer, pero también como un órgano misterioso».[9]

La histeria, a menudo traducida en términos de *vahídos* (¿cuántas escenas, en la literatura clásica, contraponen un personaje masculino dueño de sí con una mujer que tiene «vahídos»?),[10] es una de las formas en que las mujeres se *desvanecen*. Esta pseudoenfermedad no tiene más fundamento científico que un sistema de jerarquías destinado a contener la voz femenina:

> A partir de finales del siglo XVI y a lo largo del siglo XVII, la histeria se construirá como una enfermedad no específicamente femenina, sino como la feminidad misma, llevada a su paroxismo. Si las mujeres son por naturaleza frías y húmedas, la histeria solo es el fenómeno excesivo de este temperamento. Es decir, todas las mujeres son histéricas de alguna forma. Esta idea de que la matriz se ahoga, o de los vahídos, es la quintaesencia de la feminidad, es la idea de este cuerpo en el que los humores mórbidos se quedan atascados, no pueden salir, se pudren en el útero y hacen que el cuerpo enferme. Alrededor de las enfermedades de las mujeres se construye una idea moderna de la diferencia sexual. Las mujeres se definirán como una naturaleza malsana, es decir, proclive a las enfermedades. Esto permite deducir una inferioridad de las mujeres, las excluye de forma eficaz de las esferas

> del conocimiento y del poder, ya que su cuerpo nunca las deja tranquilas. Finalmente, *la histeria siempre deja a la palabra de las mujeres sin el peso de la realidad.* Para hacerlo es muy útil llamarlas histéricas. La mayor parte de los tratamientos que se imponen son de una brutalidad extrema, como las intervenciones en los labios o en el clítoris o todas las formas de encierro o de matrimonio forzado.[11]

En «*Los fantasmas de la histeria*», una joven relata siete años de viacrucis médico y de errores de diagnóstico que le dejaron graves secuelas físicas y morales.[12] Un malestar recurrente, acompañado de pérdida de motricidad y de capacidad de hablar, la conduce varias veces a urgencias en hospitales de la zona de París. Los médicos, perplejos, acaban enviándola al cardiólogo, que tampoco encuentra nada. Finalmente, en urgencias, sin más protocolo, le dicen que su problema es el estrés de la vida parisina. Le aconsejan que se vaya de París, que es lo que hace. (Poder de los médicos: una paciente obedece una orden que descansa en la mayor ignorancia de su historia clínica, emitiendo juicios de valor sobre su forma de vida.) Sin embargo, cuando llega a la región de Nueva Aquitania, las crisis se multiplican. Una vez más, en urgencias están asombrados: «Es muy raro, porque solo tiene crisis en público». Lo que viene a ser que su falsa enfermedad no es verosímil, que su comportamiento teatral tan «curioso» es patológico. Cada vez que va a urgencias, los médicos hacen esperar a tan molesta paciente en la sala de espera, cada vez más. Finalmente, su médico acaba con el suspense: «Está usted histérica». «Me sentía muy nerviosa, pero también contenta, era la primera vez que me daban un diagnóstico», dice la joven. (El *gaslighting* está totalmente interiorizado cuando la víctima se queda *aliviada* por el aberrante castigo que le inflige su verdugo.) El médico deriva a la paciente histérica para que «alguien vea eso». Su familia católica la manda a un exorcista. El sacerdote tampoco tiene dudas sobre el diagnóstico. «A veces, reminiscencias del demonio que tentó a Eva se manifiestan en mujeres con problemas para concebir o con crisis divinas. Está claro que está poseída por el demonio». El exorcismo tiene lugar en una habitación del arzobispado que está a oscuras cuando entra. Cuatro diáconos la inmovilizan, mientras el sacerdote celebra una ceremonia extremadamente larga (más de siete horas) y violenta. Desgraciadamente, la voz grave y potente del sacerdote (años más tarde todavía recordará los gritos) no impide que a la mañana siguiente una crisis más fuerte le haga perder el conocimiento y le paralice medio cuerpo. Se cae. En urgencias, un interno se da cuenta de que nunca le han pedido un electroencefalograma. (En siete años de viacrucis médico y geográfico, *nunca* le hicieron esta prueba.) A la vista de los resultados, le anuncia que tiene epilepsia. «¿Está seguro? ¡Soy histérica!», replica *incrédula* al interno que la quiere derivar a neurología. (Su reacción, desgarradora, demuestra que una paciente inteligente y educada, con una afección neurológica muy frecuente,[13] pero que ningún representante del cuerpo médico en siete años ha podido diagnosticar, puede interiorizar una discriminación que se manifiesta por la ausencia total de credibilidad de su palabra y de su experiencia.) Hasta la fecha, la paciente epiléptica conserva, a modo de secuela de su falta de credibilidad ante el cuerpo médico, una hemiplejia, con un brazo izquierdo torpe y muy débil.

La historia de la histeria es la de la pérdida de crédito de la palabra de las mujeres. Este falso concepto desempeña un papel crucial en un *gaslighting* milenario que pretende despojar a las mujeres de toda autoridad. Al confundir las dos bocas de la mujer, para acerrojarlas mejor (como en las ilustraciones anatómicas antiguas), la profesión médica, empezando por la psiquiatría, convenció a las pacientes de que su vientre húmedo contaminaba su cuerpo teatral y su «galimatías» bárbaro e incomprensible.

La histeria es un concepto clave en la historia del psicoanálisis que llegó a un punto de inflexión cuando Freud, después de haber inventado un dispositivo revolucionario de escucha, *decidió* dejar de creer en los innumerables testimonios de mujeres víctimas de abusos sexuales en su entorno familiar. Debemos recordar que Apolo había condenado la palabra verdadera de Casandra a no ser creída, *empezando por su sangrienta familia*. Esta inversión freudiana lleva el nombre de *phantasie*, es decir, 'fantasía' o 'fantasma'. En una carta a Wilhem Fliess fechada el 21 de septiembre de 1897, Freud renegó de su tesis inicial de que el trauma, en particular el trauma sexual, estaba en el centro de los trastornos neuróticos: «Quiero confiarte el gran secreto que poco a poco se me fue trasluciendo en las últimas semanas. Ya no creo más en mi "neurótica"».[14] Este cambio de opinión se debe en parte al oprobio público que sufrió Freud cuando expuso su teoría en Viena. Sin embargo, hay una razón más profunda para su «resistencia a acusar al padre»: «Desgraciadamente, mi propio padre era uno de esos perversos, causante de la histeria de mi hermano y de algunas de mis hermanas menores».[15]

Encontramos una motivación más marginal en la famosa carta a Fliess: «Celebridad eterna, la fortuna garantizada, independencia total, viajes, la seguridad de evitar a los niños las grandes preocupaciones que me abrumaron en mi juventud: esa era mi esperanza. Todo dependía del éxito o del fracaso de la histeria».[16] La cruel ironía de esta «esperanza» hace depender el éxito personal de Freud del fracaso de la palabra de sus pacientes.

El fracaso de unas alimenta el éxito del otro. Casi en la misma época, en Estados Unidos, la expansión de la industria cinematográfica aprovecha un sistema similar de vasos comunicantes. Relacionar el nacimiento del psicoanálisis y el del cine no es nada nuevo. Stanley Cavell lo convirtió en el tema de *Más allá de las lágrimas*. Sin embargo, no se suele analizar la función paradójica de la primera *vamp*, Theda Bara. La abreviación *vamp* designa a una vampiresa que literalmente causa la ruina de un hombre. Esta figura clave del cine mudo culmina con Louise Brooks en *La caja de Pandora (Lulú)*.[17] La vampiresa reproduce todos los síntomas y la teatralidad histéricos: su cuerpo de depredadora sexual se retuerce en convulsiones lascivas, mueve sus ojos hipnóticamente, utiliza su larga melena negra de bruja en juegos de seducción diabólica. Adornada con velos y joyas exóticas, Theda Bara es fotografiada rodeada de serpientes. En realidad, su personaje de mujer fatal que, en las películas, lleva a los hombres a su perdición fue, en cambio, la fortuna de William Fox. En resumen, la *vampiresa que arruina* es una fantasía estereotipada, mientras que la *vampiresa arruinada* existió realmente. Después de haber salvado a la Fox, Theda Bara tuvo que abandonar su carrera para obedecer a su marido, que le prohibía trabajar.[18]

La inversión freudiana ha dado lugar a una transferencia de creencias cuando menos asombrosa. Al optar por dejar de creer en la realidad de los abusos sufridos por sus pacientes femeninas en el entorno familiar, Freud hacía una transferencia de su propia incredulidad frente a la credibilidad de ellas. En el momento en que decidió no creer sus palabras, anulando la realidad del trauma mediante la introducción de la fantasía, sus palabras dejaron de ser creíbles. Puf... Se desvanece. Así es como el concepto psicoanalítico de histeria reforzó un prejuicio milenario. Ser mujer es ser fábula: no ser creíble ni creída, ni siquiera en el contexto, que se supone que obedece a unas reglas objetivas, iguales para todos, del conocimiento científico.

Efectivamente, existe una diferencia que se puede medir entre la forma en que los médicos tratan a los hombres y a las mujeres. En 1991, la cardióloga estadounidense Bernadine Healy, especialista en trastornos cardíacos femeninos en el contexto hospitalario, introdujo un nuevo síndrome. En esta fase de la genealogía del *gaslighting* nadie se extrañará de que lleve el nombre de una... cantante. El «síndrome de Yentl» se refiere a la diferencia en la atención sanitaria, el tratamiento y el seguimiento entre los hombres y las mujeres. Su nombre remite al personaje femenino de Isaac Bashevis Singer, Yentl, encarnada en el cine por la cantante Barbra Streisand, conocida como *la Voz*.[19]

Como escribió Bernadine Healy en el artículo de 1991 en el que presentó su descubrimiento,

> Yentl, la protagonista del cuento de Isaac Bashevis Singer ambientado en el siglo XIX, se vio obligada a disfrazarse de hombre para poder ir a la escuela y estudiar el Talmud. Ser «exactamente igual que un hombre» ha sido históricamente el precio que las mujeres han tenido que pagar por la igualdad. Ser diferente de los hombres ha significado ser de clase inferior y menos que igual desde la noche de los tiempos, y en casi todo el mundo. Por eso es triste, pero en absoluto sorprendente, que las mujeres hayan recibido con demasiada frecuencia un trato menos que igualitario en las relaciones sociales, la política, la empresa, la educación, la investigación y la atención médica.[20]

El síndrome de Yentl significa que es mejor ser hombre para que los médicos te traten (bien). Utilizado por primera vez en 1991 en cardiología, este sesgo contra las mujeres se ha extendido desde entonces a diversos tipos de patologías (tratamiento de la neumonía, la insuficiencia cardíaca y las arritmias, implantación de desfibriladores, tratamiento del sida, diagnóstico del ictus, prótesis articulares, trasplantes renales) hasta el punto de que ahora se utiliza de forma generalizada en medicina.

¿Cómo se explica? Una de las razones es que la investigación médica se centra principalmente en el tratamiento de pacientes masculinos. La consecuencia es que muchas mujeres son diagnosticadas erróneamente. Sus síntomas, diferentes de los de los hombres, no se estudian en la misma medida, como es el caso de los infartos. Mientras que las señales de alerta para los hombres están bien identificadas,[21] para las mujeres lo están menos.[22] Por ejemplo, en las pacientes, los problemas cardíacos graves no se detectan a tiempo.[23]

Porque algunas de sus teorías que descansan en prejuicios de género han desacreditado la palabra de las mujeres, el estamento médico ha legitimado el *gaslighting*, tanto en la esfera conyugal como fuera de ella. La palabra del médico está investida de una autoridad que podría reforzar un pseudodiagnóstico (mi mujer está loca) o cooperar en su relegación (es decir, internarla). No es casual que *El papel pintado amarillo*, la asombrosa «novela de luz de gas» de Charlotte Perkins Gilman,[24] publicada en Estados Unidos en 1892, convierta a un marido médico en el opresor de su esposa «enferma».

Una pareja «corriente» pasa el verano en una casa solariega de estilo colonial.[25] «La casa está muy aislada, lejos de la carretera, a cinco kilómetros del pueblo».[26] La esposa detesta la habitación que le ha impuesto su marido. «Quería una habitación en la planta baja que diera al porche, con una ventana cubierta de rosas y tapizada con un maravilloso *chintz* de estilo antiguo. John no ha querido saber nada».[27] Decide instalar a su mujer «allá arriba, en el cuarto de los niños».[28] Las ventanas están protegidas con barrotes. ¿Quizá para impedir que huya? Hay amarres en la pared. ¿Quizá para atarla? John, el marido, llama a su esposa «su niñita»,[29] «su gansita adorada»,[30] «su corazoncito adorado».[31] Acaba de dar a luz, pero nunca vemos a su hijo. «¡Querido, querido bebé! Y *no puedo* ocuparme de él, es fatal para mis nervios».[32] Nunca aparece, ni en brazos de su madre, totalmente ociosa, ni en el relato, y parece que está lejos, al cuidado de extraños, en algún lugar de la enorme mansión inhóspita. La joven madre se pasa los días llorando sola. Todo le cuesta un esfuerzo sobrehumano, hasta tal punto que su marido, que nunca ha tenido problemas de nervios, precisa ella avergonzada, le prohíbe la menor actividad.

El lector actual de *El papel pintado amarillo* llegaría a la conclusión de que la joven madre sufre depresión posparto, una enfermedad femenina barrida bajo la alfombra durante mucho tiempo porque va en contra de la presuposición del instinto maternal en el que se basa la institución de la familia. ¿Cómo va a estar deprimida una mujer después de haber cumplido con su función, su sueño, su destino: dar a luz y criar a sus hijos? Si la norma social le niega este derecho, su sufrimiento es algo invisible, tabú. Y cuando esta enfermedad, tan «indefinible» como la depresión de las amas de casa estadounidenses estudiada por Betty Friedan, se expresa ruidosamente, el marido o el médico siempre pueden internar a la madre depravada.

En la novela de Charlotte Perkins Gilman, la mujer enferma se avergüenza frente a su esposo que le impone una doble obligación. Por un lado, considera que su sufrimiento es irracional, es decir, inverosímil. Por otro, la trata como a una enferma grave y la somete a una cuarentena subrepticia: «John ignora lo que sufro en realidad. Se contenta con saber que mi sufrimiento no tiene motivo alguno».[33] La obliga a tumbarse «una hora después de cada comida».[34] Tiene prohibido dejarse llevar por las ensoñaciones, a causa de sus nervios, de su «manía de inventarse historias»,[35] su falta de autocontrol. Ella se reprime constantemente, aunque el esfuerzo es agotador.

En el corazón de esta descripción clínica de un espantoso caso de luz de gas conyugal,[36] la función de los dos hombres de la familia (el marido y el hermano) desempeña un papel esencial:

> John es médico, y *tal vez* (no me atrevería a decir una palabra de esto, por supuesto, pero esta página silenciosa es un gran alivio para mí), *tal vez* esta sea una de las razones por las que no mejoro más rápido.
>
> ¡No cree en mi enfermedad!
>
> ¿Qué puedo hacer?
>
> Si un médico de renombre, nada menos que mi marido, convence a amigos y familiares de que sufro un simple ataque de nervios —una ligera tendencia histérica—, ¿qué puedo hacer?
>
> Mi hermano también es médico, también de gran renombre, y dice lo mismo.
>
> Así es como me trago los fosfatos, o los fosfitos, no recuerdo exactamente, y los tónicos, y los viajes, y el aire fresco, y el ejercicio...

Tengo absolutamente prohibido «trabajar» hasta que me recupere.

Personalmente, no estoy de acuerdo con ellos.

Personalmente, creo que un trabajo agradable e interesante me vendría muy bien.

¿Qué puedo hacer?

Durante un tiempo, he seguido escribiendo, a pesar de todos ellos, pero me agota tener siempre que fingir para que no me aplasten sus atenciones.[37]

El lector adivina que la narradora ociosa contra su voluntad sueña en secreto con ser escritora. «Es muy desalentador no recibir consejos ni apoyo en mi trabajo».[38] La novela es el diario clandestino que escribe en secreto. En *La semilla del diablo* de Roman Polanski el ginecólogo que hace luz de gas a la protagonista embarazada le prohíbe que lea o escriba con el pretexto de que estas actividades no son buenas para sus nervios. Le oculta que la alimenta con pociones maléficas, con la complicidad de su marido, que la vigila. La escritura y la lectura son peligrosas para las mujeres privadas de la capacidad de hablar: proporcionan acceso al conocimiento, incluido el autoconocimiento, primera etapa de la independencia intelectual y psicológica que conduce a la libertad.

«Ya está aquí John, tengo que esconder mis papeles, no le gusta en absoluto que escriba ni una palabra».[39]

La narradora está aterrorizada ante la idea de que la esposa de su hermano la sorprenda escribiendo: «Es la perfecta ama de casa llena de entusiasmo. No tiene otra ambición. En realidad, creo que está convencida de que lo que me ha enfermado es escribir».[40] A pesar del entorno hostil que la mantiene aislada, sabe que la escritura es su tabla de salvación. Su diario da fe de la realidad de su yo y de su existencia.

No sé por qué escribo todo esto.

No quiero.

> No puedo.
>
> Sé que John pensaría que es absurdo, pero *tengo* que decir lo que siento y lo que pienso, de una forma o de otra, y me alivia tanto...[41]

Poco a poco, ve cabezas y ojos «absurdos y fijos»[42] reptando por el papel del cuarto de los niños. El papel de un «amarillo dudoso y oprimente»[43] se despega. Su color «desagradable, repugnante casi»[44] la horroriza. A fuerza de escrutarlo intensamente, distingue una mujer agachada que está reptando. De repente, la rodea una multitud de mujeres que reptan. «Mil cabezas estranguladas, volcadas, de ojos convulsos».[45] Mil cadáveres de mujeres, mil esposas de Barba Azul sacuden los barrotes de las ventanas, intentan salir una y otra vez, trepan por las paredes, por el jardín, sacuden las verjas. La narradora también es *una mujer que repta*. De día, la mujer cierra la habitación con llave para reptar a escondidas de su marido. Por la noche, esconde sus pensamientos, pues «la verdad es que empiezo a tener un poco de miedo de John».[46] La hazaña literaria de Charlotte Perkins Gilman es la forma *literal* en la que describe, desde el interior, el sufrimiento de una esposa a la que hacen luz de gas que se ve obligada a humillarse delante de su marido. Al mismo tiempo, en el interior de esta descripción clínica, la escritora hace brotar visiones alucinadas que liberan la prosa y a la protagonista:

> Todas estas cabezas estranguladas, estos ojos convulsos, estos hongos que proliferan y se agitan, se burlan a gritos.
>
> Mi rabia es lo bastante grande como para intentar algo desesperado.
>
> Saltar por la ventana sería un prodigio, pero los barrotes son demasiado sólidos como para que me arriesgue. [...]
>
> He llegado a *no soportar* mirar por la ventana. Estas mujeres que reptan por todas partes, y reptan tan deprisa...[47]

Las alucinaciones de la esposa le dicen literalmente la verdad que el marido —que el matrimonio— le oculta: el mundo está lleno de multitud de mujeres que reptan. El diario clandestino de la esposa anónima es testigo de todo este pueblo invisible. *El papel pintado amarillo* es el arte poético de las mujeres que han decidido escribir para dejar de arrastrarse.

CAPÍTULO 17

La mujer invisible

La mujer se desborda. El orden patriarcal debe hacer callar la cacofonía de sus dos bocas. Debe *contener* su cuerpo y su cerebro enfermos entre los muros y las puertas cerradas de su casa. Sin embargo, precisamente entre los muros de la «casa de los horrores» (la de Paula, los atridas, Nora, las primeras pacientes de Freud, *Scream*...) es donde las mujeres sufren ataques, abusos, violencias y otros tratos retorcidos que un verdugo doméstico se apresura a atribuir a la mente retorcida de ellas. Hacer luz de gas es proyectar. El verdugo adjudica a la víctima la manipulación que le inflige.

Tras la rebelión de Paula, que ha decidido salir de su aislamiento para asistir a una fiesta organizada por una vieja amiga de su tía, la vuelta a Thornton Square es dura. Su marido y carcelero la culpa de haber exhibido ante extraños su enfermedad mental. Quiere convencerla de que no se vuelva a evadir de su cárcel:

> —Yo esforzándome por guardar el secreto entre estas cuatro paredes y ahora, porque se te ha antojado salir esta noche, lo sabe todo Londres. Si yo pudiera llegar hasta el interior de tu cerebro y lograse aclarar por qué haces estas cosas tan absurdas e incomprensibles...
>
> —¿Qué quieres decir? Sí, Gregory, ¿qué quieres decir?
>
> —Lo que no quiero confesarme a mí mismo.

—Pero crees que estoy loca. Es lo que vienes insinuando desde hace unos meses.

—¿Desde cuándo?

—Desde el día en que perdí tu broche.

Es importante observar la fórmula especialmente alambicada, retorcida, habría que decir, de un maestro del retorcimiento como Gregory: «Lo que no quiero confesarme a mí mismo». El arte de la persuasión del agresor implica un uso virtuoso de la negación, indispensable cuando se trata de negar la realidad. Por supuesto, Gregory está menos interesado por la negación gramatical que por la desaparición social de su mujer. Exige que se quede «en su casa» a pesar de que la casa de Thornton Square no le pertenece. Sueña con «llegar al interior de su cerebro» para culminar la anexión de sus bienes y de su persona. El *gaslighting* es una técnica milenaria que intenta contener a las mujeres en el interior de los muros del hogar y hacerlas invisibles desde fuera.

En *Recuerdos de mi inexistencia*, Rebecca Solnit recuerda su juventud en San Francisco. Evoca los peligros que amenazaban a las mujeres en los espacios públicos a comienzos de la década de 1980. Pasearse, explorar la ciudad, ir al cine, volver tarde: actividades en apariencia insignificantes y legales (no existe prohibición alguna para que las mujeres usen la calle) las enfrentaban al acoso y al riesgo de violación permanentes, hasta el punto de que su seguridad exigía que se volvieran invisibles (¡puf!):

> Me convertí en una experta en evaporarme, deslizarme y escabullirme, en retroceder y zafarme de situaciones difíciles, en esquivar abrazos, besos y manos indeseados, en ocupar cada vez menos espacio en el autobús cuando un hombre se despatarraba e invadía mi asiento, en desligarme poco a poco o en desaparecer de golpe: en el arte de la inexistencia, ya que la existencia era muy peligrosa. La amenaza dificultaba el detenerse y confiar el tiempo necesario para relacionarse, y

> también complicaba el seguir avanzando, por lo que a veces parecía que todo estaba destinado a emparedarme a solas en casa, como si fuera una persona a la que metieran en su ataúd antes de tiempo. Caminar era mi libertad, mi alegría, mi medio de transporte asequible, mi método para aprender a entender los lugares, mi manera de estar en el mundo, de reflexionar detenidamente sobre mi vida y mi literatura, de orientarme. No estaba dispuesta a aceptar que tal vez fuera una actividad demasiado peligrosa, aunque los demás parecían más que dispuestos a aceptarlo por mí. ¡Sé una prisionera —me aconsejaban con tono jovial—, asume tu inmovilidad, reclúyete como si fueras una anacoreta![1]

Porque se niega a ceder a su «impulso de ir a algún sitio» —«una necesidad metafísica de construirse una vida»—,[2] Rebecca Solnit soporta miradas insistentes, proposiciones obscenas, insinuaciones que se convierten en furia, insultos, escupitajos en la cara, agresiones violentas, hombres que la persiguen y la siguen. Como si, para una mujer, «existir fuera un objetivo».[3] Así es como una mujer se borra, desarrollando un don para la invisibilidad en los espacios públicos, constantemente en guardia en las calles donde no se siente ciudadana de pleno derecho, recreando un desvanecimiento ancestral de su voz, su subjetividad, su alegría, su presencia. «En su aspecto más brutalmente convencional, la feminidad es un acto de desaparición constante, una eliminación y un silenciamiento para dejar más espacio a los hombres, un espacio en el que nuestra existencia se considera hostil y nuestra inexistencia, una forma de gentil sumisión. Está incrustado en la cultura de infinidad de maneras».[4]

Este *gaslighting* social, en el sentido de que su autor no es «un Gregory», sino una ciudad hecha por y para los hombres, implica también negar las restricciones tácitas de la libertad de las mujeres:

> Nadie me ofrecía la ayuda de reconocer lo que yo vivía o de convenir en que tenía derecho a estar a salvo y ser libre. Era como si todo

el mundo me hiciera luz de gas. Vivir en una guerra que nadie de mi entorno admitía que lo era..., estoy tentada de decir que eso me volvía loca, pero a las mujeres se las acusa muy a menudo de estar locas para socavar su capacidad de dar pruebas y mostrar la realidad de lo que declaran. Además, en esos casos *locura* suele ser un eufemismo de «sufrimiento insoportable». En consecuencia, no me volvía loca; me causaba una angustia, una preocupación, una indignación y un agotamiento insoportables. Las personas enloquecen cuando otras les dicen que las experiencias que viven no han ocurrido en realidad, que las circunstancias que las asedian son imaginarias, que los problemas existen solo en su cabeza y que la angustia que sienten es una señal de su fracaso, cuando el éxito sería callar o dejar de saber lo que saben.[5]

La falta de credibilidad amordaza la palabra de una mujer cuando intenta contar la multitud de agresiones que limitan su libertad *real*, en una ciudad como San Francisco y en una época (la década de 1980) en la que hombres y mujeres gozaban formalmente de los mismos derechos.

> A menudo me decían que eran imaginaciones mías, o que exageraba, que no era creíble, y esa falta de credibilidad, de confianza en mi capacidad de hablar por mí misma e interpretar el mundo, formaba parte de la erosión del espacio en el que podía existir y de la seguridad en mí misma y en la posibilidad de que hubiera un lugar en el mundo para mí y de que se prestara atención a lo que tuviera que decir. Cuando nadie parece confiar en alguien, es difícil que esa persona confíe en sí misma, y si lo hace se enfrenta a los demás; con cualquiera de esas opciones es posible que se crea loca y que la califiquen de tal. No todo el mundo tiene arrestos para eso. Cuando su cuerpo no es suyo y la verdad tampoco, ¿qué lo es?[6]

Lo que queda por hacer es *reivindicar* la locura de las mujeres que salen a la palestra, en lugar de permanecer calladas, encerradas en sus casas. A veces, la ciudad hostil puede convertirse en testigo de la lucha contra el silencio. Lo vimos en Argentina en los años setenta, con la lucha de las madres cuyos hijos habían sido secuestrados, torturados y asesinados por la dictadura militar, que se reunían en la plaza de Mayo de Buenos Aires para exigir justicia. «¡Vuelvan a sus casas, locas!», les gritaban los militares porque se dejaban ver en la calle, en los lugares públicos, en lugar de vivir su luto «dignamente», con la modestia (otra forma de nombrar la invisibilidad) propia de una buena ama de casa. Ellas respondieron a la dictadura militar que estaban locas: «Sí, estamos locas, locas de tristeza tras la muerte de nuestros hijos, locas de amor y decididas a obtener verdad y justicia»,[7] invirtiendo el insulto para convertirlo en un símbolo subversivo y revolucionario.

> Durante la dictadura circulaba una frase siniestra: «El silencio es saludable», idea que afortunadamente pocas personas comparten hoy en día. El silencio era la respuesta que se podía obtener en los orfanatos, las maternidades, los ministerios, los cuarteles y las iglesias cuando preguntábamos si habían visto a nuestros hijos o a nuestros nietos. Pero ya nos habíamos organizado y nos habíamos dado cuenta de que todas juntas éramos más fuertes que solas, nuestra causa no era la de una sola mujer, sino la de muchas, y nada ni nadie nos impediría buscar respuestas sobre nuestros seres queridos.[8]

Que una ciudad potencialmente hostil a la libertad de las mujeres se pueda transformar en testigo de su combate, lo hemos visto recientemente con la aparición de la frase «Yo sí te creo» en los muros de las ciudades. A finales de la década de 2010, el movimiento de *collages* feministas contra los feminicidios[9] ocupó el espacio público pintando y pegando eslóganes. Los muros también hablan. Ponen punto final al silencio. Hacen hablar a las mujeres estranguladas, a las voces amordazadas. Ponen fin a la autocensura que se produce al interiorizar el *gaslighting*. ¿Qué nos enseñan? La falta de *credibilidad* ancestral de las mujeres ha desvalorizado globalmente su *competencia*, incluso cuando se trata de juzgar su propia supervivencia. Existe una continuidad entre la falta de credibilidad de la mujer, descalificada como autoridad por el orden patriarcal, y la falta de fe en su palabra, cuando denuncia las agresiones de las que ha sido víctima. «La idea preconcebida de que es incompetente en su campo significa que pueden considerarla incompetente para juzgar si alguien la quiere matar».[10] En otros términos, desde la familia de los atridas, cuando la profetisa Casandra no pudo hacer oír sus presagios, la credibilidad femenina es cuestión de vida o muerte. La Casandra griega y la del Watergate pagaron con su vida su falta de credibilidad. «La credibilidad es una herramienta esencial [para la supervivencia de las mujeres]»,[11] empezando por las comisarías, donde las víctimas de agresiones suelen hablar por primera vez fuera de los muros del hogar ante la autoridad pública de la ley.

El eslogan «Yo sí te creo» se aplica a todas las Casandras, a todas las mujeres locas. Las paredes también dan testimonio. Llevan a la arena social la realidad de la violencia sexual, que Irène Théry describe como «crímenes sin testigos»: «En consecuencia, como se suele decir, es "una palabra contra la otra". Esto significa que nunca se establecerá la verdad ante un tribunal. Y aquí es donde entra en juego la presunción de inocencia a favor del acusado: a falta de pruebas, se le considerará no culpable y se le absolverá por el beneficio de la duda...»[12] La socióloga propone introducir un «crédito de veracidad [que] significa que, si el acusado es absuelto con el beneficio de la duda, no puede volverse contra la víctima acusándola de denuncia calumniosa. Si el crédito de veracidad estuviera claramente establecido, entonces una absolución ya no significaría "mintió", sino "no pudimos probarlo": que es exactamente el caso. Sería infinitamente menos injusto».[13]

Veracidad y *credibilidad* pertenecen a una constelación de palabras que transmiten confianza, convicción y fe. «Tener fe en ti misma y en tus derechos. Fe en tu versión de los hechos, en tus verdades, tus reacciones y tus necesidades. La fe que te dice que estás en el lugar que te corresponde. La fe que te dice que cuentas para algo».[14] Esta confianza es una lucha. A nivel individual, esto significa que las mujeres deben dejar de creer en los discursos que niegan la credibilidad de sus palabras y su existencia. Hacer luz de gas es una máquina de guerra de tremenda eficacia: convencer a una mujer cuerda de que está loca, o a una mujer viva de que está muerta, es extremadamente sencillo. Por lo tanto, debería ser fácil desbaratar estos mecanismos, pero ¿cómo hacerlo?

ACTO 4

Reír con Antígona

ISMENE. ¿Qué ventaja podría sacar yo, oh, desdichada, haga lo que haga, si las cosas están así?
ANTÍGONA. Piensa si quieres colaborar y trabajar conmigo.

SÓFOCLES, *Antígona*,
traducción de Assela Alamillo

CAPÍTULO 18

Estoy loca y cállate

Se acerca el desenlace de *Luz de gas*. ¿Se trata de una tragedia? Sí y no. Sí, porque «la noche será larga», declara Paula mientras contempla el cielo nocturno desde la azotea de su casa, a la que ha subido tras la detención de Gregory. Al finalizar esta última secuencia, el espectador de 1944 quizá temiera que la noche en la que el nazismo había hundido a la humanidad no terminara nunca. No, porque «siempre amanece», la tranquiliza el policía que la ha ayudado a subir desde la ventana de la buhardilla. Este testigo ha dado fe de su pesadilla conyugal; le ha dado crédito de veracidad. Amanece porque un ser humano —una «mujer loca»— ha encontrado, en su mente y en su corazón, el valor para escapar de su prisión. Concretamente, ha descubierto el arma letal, susceptible de atrapar al agresor en su propio juego e invertir los efectos de su manipulación. Esta arma, que llamamos ironía, transforma la secuencia final de *Luz de gas* en tragicomedia.

Vamos a volver atrás. Todo el entorno de Paula (el marido y el servicio) está de acuerdo en negar lo que dice, lo que vive, lo que hace. Cuando cuenta que ha venido un hombre —el joven policía que fue a ayudarla—, la cocinera inmediatamente lo niega. ¡No ha venido absolutamente nadie! La señora se equivoca. Y Gregory intercambia una mirada abatida con la cocinera, que ahora se ha convertido en cómplice de la manipulación.

—No puedo haberlo soñado. No lo he soñado, eso no es posible. No lo he soñado. ¿O es que realmente lo he soñado? Todo ha sido un sueño, un sueño, un sueño —dice Paula aterrorizada. Se aferra a una letanía de palabras que el agresor ha convertido en ineficaces. En la boca de Paula, el lenguaje ya no convence ni conmueve a nadie.

—Todo ha sido un sueño, un sueño, un sueño...

Su palabra se desintegra en una cacofonía de sonidos, de carambolas vanas, de ecos absurdos.

—Sí, Paula, te pasas todo el día soñando —confirma Gregory.

—¿Quieres convencerme de que ha sido un sueño?

—Así es, Paula.

—Entonces es cierto: estoy loca, voy perdiendo la cabeza. Sácame de aquí, no puedo resistir más.

El destino de la manipulación se juega en ese momento. Tras meses de tortura, la presa aislada, desesperada, confusa, está lista para sucumbir a su verdugo. Gregory ya no la necesita: tras intensas búsquedas, por fin ha encontrado las joyas. Ha llegado el momento de internar a la esposa inútil y de huir con el tesoro de Alice. No obstante, este final no es el que interesa a George Cukor. Su cámara nunca se interesará por los motivos y planes del agresor. Solo le importa el combate de la mujer, su víctima. ¿Cómo se va a liberar Paula? Y junto con ella, ¿cómo escaparán todas las víctimas de manipulación psíquica de las «casas de los horrores»?

En un primer momento, Paula se salva por la llegada del testigo: el policía que lo ha escuchado todo. Ha visto como la trampa se cerraba sobre ella.

—¿Me veía a mí en ese curioso sueño, señor Anton? —pregunta a Gregory, volviendo en contra del esposo el sarcasmo con el que acostumbra a abrumar a su mujer.

—¿Quién es usted?

—Según su punto de vista, una ficción de la mente de su mujer...

—¿Cómo ha entrado en esta casa?

—Por el tragaluz. Como usted. Y por la escalera. Usted me facilitó la entrada.

Usando el arma de los detectives (capacidad de deducción y sentido común), el policía ha dibujado un plano de la casa de Paula, habitación por habitación, para comprender las idas y venidas nocturnas del marido y el origen de los ruidos misteriosos que nunca puso en duda.

—¿Me quiere decir usted qué ha venido a hacer aquí? ¿Por qué no explica el objeto de su visita?

—Soy un simple fantasma de la imaginación de su esposa y los fantasmas, aparentemente, no tienen objeto para sus visitas.

El agresor acaba de perder el primer asalto: sus poderes de persuasión y prestidigitación son impotentes contra la ironía del policía para desenmascararlo. Porque el detective también ha encontrado la pista de las joyas. Alice las había cosido a un traje de su vestuario escénico. Se las tiende a Paula, como prueba del infierno por el que ha pasado.

—Tal vez le guste a usted ver esto. Costaron una vida. Y un poco de la suya.

Tras una persecución por las escaleras, el policía captura a Gregory en la buhardilla. Paula entra y descubre a su verdugo atado a una silla.

—Quiero hablar a solas con mi marido.

—En esta situación no es aconsejable.

—Quiero hablar a solas con él.

—No va a ser posible.

—Por favor...

—Bien, esperaré en la escalera.

En este punto, el espectador tiene miedo de que Paula no tenga fuerzas para enfrentarse con su adversario. ¿Logrará Gregory hipnotizarla por enésima vez? Una vez que el molesto testigo está fuera de la habitación —esta tercera persona indispensable para escapar del dúo vampírico del *gaslighting*—, Gregory recupera su tono seductor. Susurra: «A ver si nos está escuchando». Sobreactúa la intimidad amorosa, para reconstruir la pareja amo-esclavo.

Paula cierra el pestillo. Por primera vez, el pestillo lo cierra ella. ¿O es que ya ha vuelto a caer bajo su control?

—No nos oye nadie.

—Tienes una gran confianza en él.

—¿Por qué había de mentirme?

—Porque está enamorado. Sí, de ti. Lo he descubierto.

—¿Ah, sí? ¿De veras, Gregory? ¿O prefieres que te llame Sergio?

—¡También te ha dicho eso! ¡Qué importa! ¿No sabes que los artistas usan pseudónimos? Pues Sergio Bauer era el mío. Fue una fase de mi vida que nunca te quise contar. Un fracaso. Pero no ahorcan a nadie por eso.

—No, a nadie se ahorca solo por eso.

La minúscula buhardilla de la que procedían los ruidos que solo escuchaba Paula está dispuesta de forma sobria. Las paredes blancas están desnudas, sin esos muebles pesados, cuadros, cortinas, bibelots y tapicerías que impedían a la joven respirar y pensar. Para su enfrentamiento definitivo, George Cukor utiliza un primer plano de Charles Boyer e Ingrid Bergman. No importa que el hombre esté sentado y atado y la mujer inmensa esté de pie. Ella sabe, y el espectador también, que el poder de Gregory es inmaterial: el culpable tiene los medios retóricos necesarios para convencerla de su inocencia. Ha llegado el momento para Gregory de invertir de nuevo la situación.

—Paula, ¿te acuerdas de aquellos días? ¿Te acuerdas de Italia?

—Me has dejado demasiado tiempo para pensar que todo fue un sueño.

—Acércate, Paula. [Ella se acerca.] Más cerca.

La cámara se acerca a ellos. ¿Se arrojará Paula a la boca del lobo?

—Mírame a los ojos. Si he sido algo para ti alguna vez, y me parece que sí, tienes que ayudarme, Paula. [Llora.] Te prometo ser otro.

El montaje de la secuencia en campo y contracampo presenta al marido y a la mujer en igualdad de condiciones: una mirada/una réplica para el uno, una mirada/una réplica para la otra. Ahora, el agresor, convencido de haber hipnotizado a su presa, pasa de la seducción a la acción.

—Escucha: en el primer cajón de esa cómoda hay un cuchillo. Corta la cuerda y suéltame. Date prisa, Paula. Trae el cuchillo y sálvame. ¿Lo harás, Paula? ¿Lo harás por mí?

—Sí, sí, lo haré. Lo haré por ti.

Paula se dirige hacia la cómoda. Abre el cajón. ¿Es el fin? ¿Ha perdido la partida? Y en ese momento llega el giro de guion que ha convertido a esta película, desde 1944, en un manual de supervivencia, con la ironía como arma fatal:

—Aquí no hay ningún cuchillo.

—Lo puse ahí, búscalo.

—No lo veo, no veo ninguno.

—Si lo he puesto esta noche...

Gregory sigue hablando aparentemente inconsciente de que acaba de reconocer su culpabilidad.

—Pues aquí no está —repite Paula *mientras sujeta el cuchillo en su mano derecha*—. Habrás soñado que lo pusiste.

¡Y enarbola el cuchillo que no existe!

—¿O es que te figuras que es un cuchillo lo que tengo en la mano? ¿Te has vuelto loco? ¿O soy yo tal vez la loca?

Arroja al suelo el cuchillo imaginario.

—Sí, soy yo. Siempre perdiendo y escondiendo cosas que luego no consigo encontrar, que no sé jamás dónde las pongo. ¿Tenía un cuchillo, verdad? Pues lo he perdido.

Paula acaba de hacer una demostración llena de virtuosismo de la lógica del *gaslighting* que su marido le ha enseñado a su pesar:

El cuchillo solo existe en tu mente perturbada;
acabo de perder el cuchillo que no existe;
como estoy loca, soy incapaz de encontrar el cuchillo que existe.

La alumna ha superado al maestro. Durante todos los meses en que Gregory la humillaba, la rebajaba, la reducía al silencio, Paula escuchaba, observaba, comprendía. La ironía forma parte de la comprensión, decía Hannah Arendt,[1] que sabía un par de cosas sobre la ironía. La ironía es el mecanismo de supervivencia de la mujer a la que hacen luz de gas. No solo la enarbola como la llave que le permite salir de la cárcel y vengarse de su carcelero, sino que también se divierte, recupera la alegría del lenguaje. El juego lingüístico de Paula consiste en saltar de un argumento absurdo a otro, como un niño que juega a la rayuela o a la pídola.

Paula juega a que está buscando el cuchillo. Ingrid Bergman pone cara de estar perdida. Mueve la cabeza de forma brusca. Sus ojos abiertos de par en par imitan la mirada fija de una ciega. En cuanto a Charles Boyer, ni siquiera intenta abrir la boca.

—Seguramente detrás de ese cuadro. Tal vez está por aquí... [Se agacha.] Lo buscaré por otro sitio. Tal vez esté aquí. Sí, aquí debe estar.

Abre otro cajón y encuentra... el broche.

—¡El broche! ¡El broche que perdí en la torre! Al fin lo he encontrado. ¿Lo ves? Pero esto no te sirve. Lo que yo tengo que hacer es ayudarte a huir de aquí. ¿Podrá una loca ayudar a escapar a su marido?

—Tú no estás loca.

—Lo estoy, como lo estaba mi madre.

—No, Paula, eso no es cierto. ¡Ayúdame!

Obligar a Gregory a confesar no es suficiente: no está loca; ha sido manipulada; su madre no estaba loca; todo ha sido un complot. Obtener —demasiado tarde— la verdad de la boca del agresor es una victoria que sabe a poco para la víctima. La venganza debe ser otra cosa. La protagonista de *Luz de gas* enarbola por fin, después de haber rozado la locura y la muerte (y de haber tirado el cuchillo inútil), el arma auténtica: la ironía. Un ser humano prisionero de la tela de araña de la locura no puede contar con esta arma. La ironía implica lucidez y distanciamiento: Paula ha adquirido un poder de observación digno de la mirada del cineasta George Cukor. La secuencia final es una transmisión del testigo: el director transmite a su personaje el don de la visión doble sobre el que se basan las grandes obras. Privada de voz, Paula también estaba ciega sobre su suerte, incapaz de discernir los trucos y las falsificaciones de su marido. Ahora ya lo ve *todo*, pero también se ve a *ella misma*. Ella y él ya no forman un magma confuso, vampirizado por la voluntad del malvado cónyuge, sino dos individualidades diferentes que viven bajo el régimen de la separación: de bienes, de voluntades, de intelectos, de deseos.

Stanley Cavell compara esta escena final con la lección de canto inicial:

> Da comienzo a su aria de venganza. El *signore* Guardi interrumpió las primeras clases de canto, las más literales, pronunciando las siguientes palabras: «Esta ópera es una tragedia, *signorina*, algo que usted parece incapaz de comprender. ¿Nunca escuchó a su tía cantar en el papel de Lucia? Se parece a ella». «Pero», respondió Paula, «no canto como ella». Al final de la película asistimos a su propia versión de aquella canción demencial que, motivada, como en Lucia, por el violento final de su matrimonio, recuerda, en lo esencial, a la interpretación de su tía. Sabemos que cuando su tía cantaba, solo una persona de entre el público conocía el secreto que escondía a plena vista: las joyas reales cosidas a su vestido entre otras joyas carentes de valor. Ahora, Paula utiliza su voz de tal manera que únicamente su marido (u otro que, pudiéramos decir, se identifique con su posición —atado a una silla, en el papel que era el de ella, expuesto a su venganza—, es decir, nosotros) puede conocer el significado real de este espectáculo de locura, de lo que está cosido al interior de la mente de ella.[2]

Así es como Paula *va más allá* de Lucia, la heroína trágica que pierde la razón y la vida. Entona su propia aria de la locura, pero el tono irónico que utiliza le permite decir que está loca sin estarlo:

> Si yo no estuviese loca, ahora te podría ayudar. A pesar de todo, me compadecería de ti. Pero estoy loca y por eso te odio. Porque estoy loca te traiciono. Porque estoy loca, mi corazón salta de alegría sin sentir la menor piedad por tu desgracia. ¡Una alegría salvaje de animal liberado! ¡Señor Cameron, venga! Venga, señor Cameron, llévese a este hombre. ¡Lléveselo de aquí!

Y Paula llama al policía para que se lleve a «este hombre». Las dos palabras significan que *lo ha separado de ella*, que ya no es su (simulacro de) marido. Ese simulacro se basaba en la bigamia del impostor Gregory/Sergio. En este caso concreto de engaño, la frase «Yo os declaro marido y mujer» no era una declaración performativa, ya que es legalmente imposible casar a un hombre que ya está casado. En su aria final, la propia Paula utiliza el poder del lenguaje para decretar su propio divorcio. «Adiós, Gregory» es la declaración performativa de la mujer, liberada, que ha desactivado la luz de gas y que se declara existencialmente separada del hombre que le impedía vivir. Se ha cerrado el círculo. La película de George Cukor lleva a su protagonista y al público a un viaje profundamente perturbador.

Cada palabra cuenta en *Luz de gas*.[3] Cada una de las palabras de Paula en el aria de la mujer reducida al silencio que vive la gloria de haber recuperado su voz está impregnada de orgullo. El final que sugiere George Cukor se convertiría, décadas más tarde, en una estrategia conocida como «reapropiarse del insulto»,[4] que consiste en transformar un insulto en orgullo. Ya que Gregory la menosprecia llamándola loca, ya que la tortura para volverla loca, ella exhibe con orgullo la palabra *loca*, igual que su tía Alice exhibía su voz y sus joyas en los escenarios de los teatros de ópera de todo el mundo. Para una mujer a la que el matrimonio ha dejado sin voz, esa reapropiación del lenguaje significa que puede volver a jugar con las palabras: con su significado ordinario, con su trasfondo histórico (todas las mujeres están locas), con su trasfondo filosófico (he perdido mi broche y mi razón), con su trasfondo moral o religioso (soy una loca que traiciona a su marido, sin piedad ni remordimientos), con su doble sentido, con la distancia que crea el lenguaje. Los escritores y los actores conocen bien esta distancia, pues hablan constantemente en primera persona, aunque saben que no se refieren a ellos mismos. Al recuperar el orgullo y la alegría de los juegos con el lenguaje, Paula ocupa de nuevo el espacio de su propia subjetividad, la casa de su «yo», que la luz de gas había dejado tan desolada y lúgubre como la vivienda inhabitable en la que su marido la condenaba a morir poco a poco.

¿Tendrá Gregory derecho a decir unas últimas palabras? Hasta la *finale* de *Luz de gas*, George Cukor, desde su firme ética de cineasta, se aleja del punto de vista del esposo. «No te pido que me comprendas. Las joyas se interpusieron entre tú y yo. Como un fuego quemaron mi cerebro y nos separaron. He ambicionado tanto esas joyas toda mi vida... Y para qué...», confiesa Gregory/Sergio a Paula a modo de despedida. Y el espectador, junto con ella, se queda con esta confesión de ignorancia, esta ignorancia que es una decisión consciente. Gregory no quiere saber, pero nosotros tampoco. Esta decisión de mantenerse en la ignorancia tiene un precio intelectual y psíquico. Porque, piense lo que piense Gregory, al final todo se paga. Privado de la *distancia* que Paula acaba conquistando (esta forma de distanciarse del *espectáculo* de su verdugo y de ella misma), el agresor es incapaz de ironía verdadera. Sus sarcasmos no pasan de ser una imitación. Gregory, locamente enamorado de los diamantes auténticos, es una baratija de *strass*.

En realidad, la pregunta no es por qué el agresor actúa de esa manera. Ya conocemos las razones históricas y teóricas del *gaslighting*, este montaje milenario que se remonta a los mitos griegos y a las bocas clausuradas de la mujer. Estas razones en parte explican la sumisión de las víctimas, pero no nos dan la clave para salir de este esquema tan simple, desde el punto de vista narrativo, como la prestidigitación de un aficionado. ¿Dónde encontraremos los modelos (irónicos) para la subversión?

CAPÍTULO 19

El enemigo interior

Viajemos una vez más a la Antigüedad griega, donde podemos encontrar heroínas «trágicas»... y algo más. La familia de los atridas es una fuente de inspiración inagotable. Dos «pobres mujeres»[1] hablan de sus desgracias familiares. Son hermanas. Antígona e Ismene «heredan juntas los crímenes de su padre».[2] Unos milenios después, ese mismo padre, Edipo, dará su nombre al «complejo» que Freud inventa en el momento en el que decide dejar de creer en la realidad de los traumas que los padres de sus pacientes «histéricas» les han infligido (la tragedia nunca se detiene: vuelve a empezar con otra tragedia). Los dos hermanos de las dos hermanas se han matado el uno al otro. Ellas han vivido sus vidas «en el dolor, la vergüenza y la exclusión».[3] Es decir, están «malditas».[4] A pesar de que podríamos pensar que no les han ahorrado ningún dolor,[5] nuevas desgracias se preparan:

> ANTÍGONA. Ha sido Creonte... El enterramiento de nuestros hermanos... ¿no ha considerado al uno digno de enterramiento y al otro indigno?[6]

Creonte ha ordenado que nadie dé sepultura ni llore a Polínice, y que le dejen sin lamentos, sin enterramiento. Está tan orgulloso de su edicto que ha decidido «anunciarlo claramente a quienes no lo sepan»:[7]

ANTÍGONA. Que nadie le dé sepultura ni le llore, y que le dejen sin lamentos, sin enterramiento, como grato tesoro para las aves rapaces que acechan.[8]

Ha llegado el momento de ocuparnos de Antígona y su revuelta, no desde el punto de vista de la derrota contra la tiranía, de la muerte injusta y prematura, sino por ser el primer caso documentado en la literatura (Sófocles) de una victoria individual contra el *gaslighting*. El agresor se llama Creonte. Como jefe de Estado y futuro suegro de Antígona (que debe casarse con su hijo Hemón), Creonte ejerce un doble poder político y familiar. Hay una continuidad directa entre la violencia que ejerce hacia la prometida de su hijo y el poder absoluto del jefe sobre su pueblo. Creonte en persona lo reivindica:

CREONTE. Pues si tolero que los de mi casa alteren el orden, ¿cómo reprimiré la anarquía en la ciudad? Quien quiera mostrarse justo en la sociedad debe ser intachable cabeza de familia. [...]

Y, así, hay que defender la sociedad y el orden establecido y en modo alguno dejarse vencer por una mujer.[9]

Ya hemos visto que quien hace luz de gas ejerciendo su poder contra una mujer o contra un pueblo también gobierna el lenguaje: «*Inventó incluso el arte de dominar la palabra*».[10] Creonte reina sobre el lenguaje como reina sobre su familia y su pueblo. En el retrato que hace de él su hijo es como si escucháramos la descripción de los tiranos del País de las Maravillas, que arreglan a su gusto el sentido común y el sentido de las palabras:

HEMÓN. Pues los que creen que solo ellos son sensatos, hablan bien o tienen una moral, cuando quedan al descubierto, se muestran vacíos.[11]

Existe pues un conflicto de lenguaje entre «el tirano que puede decir y hacer todo lo que quiere»[12] y Antígona, que no «encuentra ningún placer en escucharlo hablar»[13] y nunca lo encontrará, precisa con insolencia. Creonte charlotea, está encantado de escucharse. Antígona lo interrumpe con impaciencia. En la versión de Anne Carson del texto de Sófocles el diálogo queda así:

CREONTE. Aquí el hombre soy yo.
ANTÍGONA. Sí, eres tú.
[...] ¿Podemos acelerar las cosas y terminar?
CREONTE. No, sigamos discutiendo unos momentos más.[14, *]

Antígona es una mujer que «no se avergüenza de [diferenciarse] de esta manera, / de no pensar como los demás...».[15] Frente a Creonte, que exige que *el hermano muerto de Antígona preste testimonio contra su hermana* (los mismos términos absurdos con los que Jean François Lyotard resumía el «razonamiento» negacionista), ella replica: «Un muerto no puede dar testimonio».[16]

¿Por medio de qué argumentos un tirano —que ejerce un poder absoluto sobre su familia o su pueblo— se puede librar de una pobre mujer que se niega a obedecerle? Ya sabemos la respuesta. «Acabo de verla fuera de sí y no dueña de su mente».[17] Como una furia, que es una mujer cuya palabra y cuyo cuerpo se desbordan. Su voz es hiriente. «Lanzaba gritos penetrantes como un pájaro desconsolado».[18] El espectáculo del cuerpo desnudo de su hermano la llevó a «sollozos»[19] y «tremendas maldiciones».[20] La furia es una loca, precisa el tirano. E indica más adelante: «una loca de na-

* Al tratarse de la comparación entre varias interpretaciones que pasan por muchas etapas lingüísticas —en el caso de Carson, griego, inglés, francés, español—, hemos traducido directamente del francés todos los textos tomados de Antígona, tanto los que proceden del texto de Sófocles como la reinterpretación de Anne Carson. [*N. de la t.*]

cimiento».[21] Una «pobre loca»,[22] insiste Ismene, que piensa que su hermana Antígona no es «razonable».

> ISMENE. ¡Pobre loca! ¿Qué ventaja podría sacar yo, haga lo que haga, si las cosas están así? [...]
> Es preciso que consideremos, primero, que somos mujeres, no hechas para luchar contra los hombres, y, después, que nos mandan los que tienen más poder, de suerte que tenemos que obedecer en esto y en cosas aún más dolorosas que estas.[23]

En su análisis de la *Antígona* de Sófocles, Hegel demostró que la sociedad patriarcal griega se basa en una división funcional de los sexos.[24] El poder del Estado se ocupa de la moral, el gobierno, la costumbre y la ley humana, que se basa en la «virilidad».[25] La ley humana viril se opone a la ley divina, a la comunidad ética natural que es la familia, al mundo de las mujeres. Excluidas de la vida pública y confinadas en la esfera familiar, las mujeres se ocupan de las «tradiciones inalterables», de «las reglas no escritas que nos vienen de los dioses»[26] y de los funerales. Antígona reprocha a Ismene que se burle de los dioses y descuide sus deberes religiosos. Indiferente a su propia muerte, obedece exclusivamente a las leyes de la justicia divina, que «siempre han estado ahí»,[27] a diferencia de las leyes humanas, escritas por y para los hombres. Ella no «vulnerará nuestras sagradas tradiciones para obedecer a un hombre».[28] Como escribe Jean-Baptiste Vuillerod, la rebelión individual de Antígona «implica una lucha entre los sexos, cada uno defendiendo su propia ley. Así pues, si la *polis* griega tuvo que abandonar su lugar en la historia, fue porque su armoniosa organización enmascaraba unas estructuras sociales contradictorias basadas en la dominación falocrática».[29]

El grito de Antígona es el fermento de la disolución de la *polis* griega. Como escribe Hegel, «la comunidad se crea para sí en lo mismo que oprime, y que al mismo tiempo le es esencial, en la feminidad en general, su propio enemigo interior».[30] Por eso se refiere a la «feminidad» como «la eterna ironía de la comunidad».[31] «La ironía femenina tiene aquí un objetivo muy concreto: la destrucción de las estructuras sociales falocráticas de una época determinada», explica Jean-Baptiste Vuillerod:

> La ironía es la derrota de la dominación masculina, pero no solo es algo individual, es sobre todo producto de las estructuras sociales. [...] Antígona ataca la organización social del mundo griego, es decir, la división asimétrica de las dos leyes que confina a las mujeres en el hogar mientras los hombres se mueven libremente por la sociedad. [...] Por tanto, desde una perspectiva hegeliana, la acción feminista solo puede actuar sobre las estructuras institucionalizadas de dominación (la familia, la escuela, la división entre lo público y lo privado, la organización de la jornada de trabajo, la prostitución, etc.), y no directamente sobre la moralidad de los hombres. [...] Tal como la analiza Hegel, la armonía de la ciudad griega se ve socavada por la disidencia de las mujeres. Sin embargo, a través de esta misma disidencia, las mujeres forman una contracomunidad dentro de la comunidad. La feminidad no solo remite a la soledad de Antígona, sino a la comunidad de mujeres que se rebelan contra la falocracia. [...] En la filosofía de Hegel hay un impulso feminista, como demuestra la atención que prestó al grito de Antígona.[32]

¿Cómo se expresa la ironía de Antígona?[33] El poder patriarcal, encarnado por el «jefe»[34] Creonte, se muestra incapaz de detenerla, de cerrar su bocaza y de clavar su lengua en el suelo. Sin embargo, Creonte logra fácilmente la sumisión muda de su pueblo.

> ANTÍGONA. Todos piensan como yo.
> Pero tú les has clavado la lengua al suelo.[35]

Para dominar a Antígona, Creonte intenta (en vano) aislarla del resto del pueblo. (Es una táctica bien conocida: es la misma que Gregory utilizó con Paula aislándola del resto del mundo, incluidas las criadas.) Pretende que es la única en Tebas en alzarse contra la prohibición de enterrar a su hermano:

ANTÍGONA. A ninguno de esos le disgusta lo que hago, y bien lo reconocerían.
Pero el miedo les cierra la boca.
El tirano, entre otros privilegios, puede hacer y decir todo lo que quiera.
Nadie abrirá la boca.
CREONTE. Eres la única de todos los tebanos aquí presentes que ve las cosas así.
ANTÍGONA. Ellos *(y señala al corifeo)* lo ven igual que yo.
Pero te obedecen y cierran la boca.[36]

Para silenciar a una mujer que dice la verdad y habla con sabiduría, basta con llamarla histérica, furiosa, loca. «*Te posee el mismo viento de locura*».[37] Lo que pasa es que con Antígona no funciona el truco de la mujer loca:

ANTÍGONA. ¿Crees que actúo así porque me he vuelto loca?
Quizá seas tú el que delira.
Tú que me estás llamando loca.[38]

Así es como funciona la *apropiación* irónica, que es el fermento de la sedición de las mujeres: Antígona devuelve a Creonte su acusación, como un bumerán. De paso, desvela, en una fórmula explícita y frontal, la *proyección* inherente a la luz de gas. Con su ironía, Antígona se ha convertido en la heroína de todos los que resisten al *gaslighting*, empezando por las mujeres. Con cada nueva manifestación histórica de *gaslighting* (*ultimi barbarorum*), su lucha se convierte en una inspiración.[39] La escritora estadounidense Dawn Tripp habló de las dos veces que leyó la traducción de *Antígona* de Anne Carson, en dos momentos distintos:

> Leí *Antigonick* por primera vez poco después de su publicación, hace siete años, en mayo de 2012, en plena presidencia de Obama. En aquella época, me perturbaba la desgarradora distopía que Anne Carson había imaginado para describir la antigua Grecia; parecía tan diferente y tan lejos de los Estados Unidos del siglo XXI.[40]

Y luego Donald Trump sucedió a Obama como presidente de Estados Unidos. Trump, haciendo luz de gas a toda la nación, en pleno delirio, tratando de locas a sus innumerables acusadoras que tomaban la palabra para revelar sus violaciones y agresiones. En ese instante, Dawn Tripp sintió la necesidad de volver a oír la voz de Antígona:

> El pasado mes de junio, cuando se hicieron públicas las acusaciones de E. Jean Carroll de haber sido agredida sexualmente por Donald Trump, saqué *Antigonick* de mi biblioteca. Necesitaba releer la traducción de Anne Carson de *Antígona* de Sófocles, una obra maestra sobre la tiranía, la resistencia y la desobediencia civil de una mujer. Su posición es tan inflexible —tan unilateral— como el flagrante abuso de poder al que se enfrenta. Creonte intenta aislarla mentalmente, hacerle luz de gas: «Eres la única en Tebas que ve las cosas así». Pero Antígona le responde: «En realidad todos piensan como yo, pero tú les has clavado la lengua en el suelo».[41]

La rebelión de Antígona es la de una mujer que no ha compartido la cama de un hombre, no ha celebrado los esponsales, no ha tenido el matrimonio que se le debía, no ha amamantado a ningún hijo:[42]

ANTÍGONA. Me voy sola con mi pena, sin compañero.
Bajaré en vida a habitar entre los muertos.[43]

Creonte no siente ninguna empatía porque ha fracasado en su intento de hacerle luz de gas.

CREONTE. ¡Vamos! No paran de cantar y de gemir,
cuando se trata de morir.
Si las dejáramos esto no se terminaría nunca.[44]

¿No paran de cantar? ¿No paran de gemir? ¿No paran de lloriquear? ¿Si las dejáramos, esto no se terminaría nunca? Con estas palabras, Creonte está deshumanizando al rebaño indiferenciado de las mujeres. Sin embargo, el corifeo, que es la mediación de la empatía del espectador en la tragedia griega, abandona a Creonte, lo deja solo en su canto final. Ni el corifeo ni el espectador simpatizan con las lamentaciones (los lloriqueos) del dictador, cuyas órdenes inicuas han causado también la muerte de su hijo, a quien Antígona había abierto los ojos ante la locura de su padre. En cambio, el corifeo acompaña a Antígona hasta el final:

CORIFEO. Ya no puedo contener el torrente de lágrimas cuando veo avanzar a Antígona hacia ese lugar al que todos iremos al final.[45]

El corifeo llora con Antígona mientras canta lo que Florence Dupont llama «su anticanto de esponsales».[46] Antígona muere antes de conocer la ley del matrimonio, es decir, la sumisión de la mujer griega a un orden que no está pensado para respetar su voluntad y su individualidad. Creonte, al que Antígona se dirige con insolencia,[47] está harto «de todas estas historias de matrimonios».[48] Como lo mismo da una mujer que otra, lo único que tiene que hacer su hijo es elegir otra mujer[49] que le dé hijos «obedientes y sumisos», no «patéticos». De camino al «*lecho del río infernal*» para celebrar su «*noche de bodas*»,[50] Antígona se gana la admiración y la gloria:

CORIFEO. La gloria te acompaña y la admiración sigue tus pasos.[51]

Gloria (*glory*) es la palabra que Paula elige en la secuencia final de *Luz de gas* para expresar su orgullo.[52] Ella también hace mutis en plena gloria, aunque su camino no es el de Antígona. Paula escapa del infierno de su matrimonio, mientras que Antígona se une a «Hades, el esposo definitivo de todas las mujeres».[53] Sin embargo, Gregory, que había instaurado el infierno en la tierra, era Hades en persona. Y la gloria de Paula, como la de Antígona, está en la ironía con la que las dos pobres mujeres, las dos pobres locas, se burlan y desbaratan la norma patriarcal que solo concibe el «sexo débil»,[54] como dice Creonte, sometido, cautivo, mudo, avergonzado y arrastrándose con la cabeza gacha.

CAPÍTULO 20

Caballo de Troya

La primera vez que vi *Luz de gas* era una adolescente, en una sala de cine parisina, o bien quizá la vi de niña en la televisión. No recuerdo bien la fecha, pero la huella que me dejó la película de George Cukor no se ha borrado. Nunca he olvidado la sensación que se apoderó de mí cuando vi la primera secuencia, en una plaza de Londres oculta tras la niebla que transformaba a los personajes en sombras furtivas. Y, en medio de esas sombras, una forma blanca, el rostro espectral de Ingrid Bergman, me miraba como pidiéndome ayuda. La primera secuencia terminaba tan deprisa que la niña de rostro pálido se marchaba (¿arrastrada? ¿encerrada?) en un coche antes de que pudiera comprender lo que esperaba de mí. El cine se compone de proyecciones de nuestros sentimientos en la pantalla, desde la que nos miran los actores. Si nosotros aprendemos a mirarlos, a escucharlos, los actores también nos lanzan una mirada preocupada, un silencio más expresivo que muchas palabras.

Volví a ver *Luz de gas* muchas veces más y siempre predominaba un sentimiento, que se imponía a los de las personas que, con el paso de los años, la vieron conmigo: el miedo. Sentía miedo por Paula, tenía miedo *con* ella, tanto miedo que tuve que escribir este libro para comprender la fuerza revolucionaria de la ironía, que es el auténtico final feliz. Durante mucho tiempo, me estremecí suplicando a Paula (o a Ingrid Bergman): ¡No vayas al desván! ¡No te quedes sola con él! ¡No cierres la puerta! ¡No le escuches! Él ganará y tú perderás. Y al mismo tiempo me decía: parece una loca con ese cuchillo. ¿No será que está loca de verdad? Hasta el día de hoy, me avergüenzo de haber mirado a la víctima de Gregory con los ojos (con el juicio) de su verdugo. Necesité muchos años para reírme ante una escena que algunos espectadores consideran, y con razón, como el *summum* de la ironía *camp*,[1] es decir, de la apropiación distanciada de todos los estereotipos misóginos que encierran a la mujer y a la esposa en la cárcel del matrimonio falocrático.

Detengámonos un momento en mi vergüenza y lo que supone. Una parte de la espectadora que era había interiorizado el proceso que hizo famosa la película de George Cukor, a saber, la forma en que hacen luz de gas a la protagonista. Por mucho miedo que sintiera (en mis propias carnes), no podía creer del todo que la mujer (y la actriz desatada que sobreactuaba su locura) no estuviera *un poco* loca, ni podía entender la libertad con la que Paula hacía suya la terrorífica situación que podría haberla destruido, si una ironía salvadora no hubiera venido al rescate de su mente atrapada en la oscuridad. La ironía era un foco tan potente como los focos de los estudios de Hollywood donde George Cukor rodó su película, que disipó *de una vez por todas* las dudas estériles y morbosas que habían llevado a una joven espléndida a arriesgar su vida y su cordura. Frente a esta ironía rebelde, salvaje, vital, sexi, frente a Ingrid Bergman irguiendo por fin su voluptuosa figura, el pequeño verdugo atado a su silla, cautivo de una extraña obsesión por las piedras preciosas, parecía apocado, mezquino, ridículo, inofensivo y asustado. El miedo había cambiado de bando, pero a la protagonista tan sexi, que escaló la ventana del ático para saltar al tejado, ya no le importaba nada.

Esa es la belleza de la secuencia final (o más bien penúltima) de *Luz de gas*: cuando el miedo desaparece, *nunca* vuelve. Por supuesto, «esta noche va a ser interminable», como dice la sabia Paula. La última palabra es para esta Casandra, cuya maldición inmemorial rompe George Cukor llevando paso a paso a su público a creerla y a escuchar su verdad. Desde el tejado de la «casa de los horrores», de la que ha huido por el cielo, contempla su existencia, y también la nuestra, mientras vemos esta película años después de 1944. La noche será larga, y también lo será el combate por la emancipación, y serán numerosos los obstáculos materiales, ideológicos e institucionales en la lucha contra la violencia y la opresión. Sin embargo, ese miedo —el miedo *imaginario*, que consiste en interiorizar el poder absoluto, de vida o muerte, del opresor, ya sea un individuo o un poder— nunca volverá. La película de George Cukor, a través del juego del lenguaje y de la elaboración conceptual que establece, pone nombre al horror producido por el *gaslighting*, al tiempo que lo disipa y lo ridiculiza para siempre. Y ese es su lado *camp*.

Mientras escribía este libro, fui consciente de hasta qué punto he interiorizado esta situación y el miedo que la acompaña. Sin duda hay innumerables maridos que no son Gregory y nunca querrían serlo. «Pero seguimos debatiéndonos —salvo excepciones— en lo Antiguo».[2] Y el tema de *Luz de gas* y el de este libro no es una excepción. (¿Es acaso posible teorizar filosófica y políticamente la excepción?) En su estructura históricamente no igualitaria, en su modelo político de opresión, el matrimonio de *Luz de gas*, que reproduce y marca una norma, existe en nuestros días. Este modelo descansa en diferentes mitologías que justifican la exclusión de las mujeres del espacio social y las confinan a una célula doméstica que perpetúa esta desigualdad. «Diferentes mitologías», digo frívolamente. Porque desde las lucubraciones de la anatomía griega, amplificadas por augustos filósofos y otros teóricos de la anatomía como destino,[3] la historia masculina del pensamiento no ha dejado de buscar nuevos «conceptos», nuevas enfermedades, nuevas carencias, nuevas debilidades, para justificar lo injustificable, a saber, la discriminación de la mujer, basada en su descalificación.

¿Qué hacer entonces? Pues reírse, sugiere el desenlace de *Luz de gas*. Con la risa, la humillación, la duda, el terror y la vergüenza se evaporan.

¡Puf!

En *Luz de gas*, la risa llega cuando la víctima logra identificar los planes de su opresor, hasta el punto de que es capaz de reproducir todas sus réplicas y volverlas contra su autor. Ha quedado acorralado, atrapado en su propia trampa, de una forma vertiginosa: o mintió, y por lo tanto es culpable y merece el castigo, o dijo la verdad, ella está loca y no lo ayudará. No hay salida en el razonamiento creado por él mismo y menos en esa ironía a la que la mente de Gregory no tiene acceso. Además, al final de la película, el espectador sabe solo dos cosas sobre el interior de Gregory: le gustan con locura las joyas y no tiene el más mínimo sentido del humor. (No es un marido muy excitante...)

El sentido del humor, como dijo el maestro del cine *camp* John Waters, es un caballo de Troya. Él mismo lo demuestra en *Los asesinatos de mamá*,[4] subvirtiendo la «mística» del ama de casa con su personaje Beverly,[5] perfecta madre de familia y asesina en serie que no deja títere con cabeza. Cuando el guion es sencillo, es fácil de subvertir y volverlo contra el marido o el país que lo escribieron. Apuesto que casi todas las lectoras de este libro saben eso. «Pareces cansada... Últimamente te olvidas de todo... No vas a empezar otra vez a imaginar cosas... Estás exagerando. *Eres una mentirosa compulsiva. No hables tan alto. Tranquilízate. Estás completamente histérica, mujer*» (solo son algunos ejemplos).

La risa interrumpe la duda. La risa interrumpe el miedo, el silencio, la vergüenza. «Me avergoncé. Tuve miedo y me comí la vergüenza y el miedo. Me decía a mí misma: tú estás loca».[6] La risa interrumpe el aislamiento. Y el agresor que hace luz de gas, como el seductor de Kierkegaard que se identifica con Barba Azul, sabe que una mujer que tiene «amigas» es más difícil de manipular. La risa interrumpe (provisionalmente) la tragedia. Con la palabra, el sexo, la comida, el pensamiento, la conversación, *la risa es la voz de la mujer hecha cuerpo.*

Desde *Le Rire de la Méduse*, Hélène Cixous utiliza la risa como arma para revolucionar el arte de la escritura, que es «*la posibilidad misma del cambio*, el espacio del que puede brotar un pensamiento subversivo, el presagio de una transformación de las estructuras sociales y culturales».[7] La risa subvierte el mito de la mujer fatal y de la vampiresa: «Basta con mirar a Medusa a la cara para verla: no es mortal. Es hermosa y se ríe».

La ironía es el arma con la que la escritora Angela Carter, en *La cámara sangrienta*, subvierte los cuentos de nuestra infancia, reescribiendo *Barba Azul* desde el punto de vista de su esposa, que se salva de la masacre conyugal gracias a *la telepatía materna*:

> Nunca se vio una criatura más salvaje que mi madre, el sombrero arrebatado por los vientos y lanzado mar afuera, el pelo volando en blancas crines, las piernas enfundadas en negro algodón expuestas hasta los muslos, las faldas arremangadas alrededor de la cintura, una mano en las riendas del encabritado animal, en tanto la otra empuñaba el revólver de servicio de mi padre, y, a sus espaldas, los rompientes del mar tumultuoso, indiferente, como testigos de una justicia furiosa. Y mi marido petrificado, como si ella fuera Medusa, la espada todavía en alto por encima de su cabeza como en esos retablos de las ferias que, dentro de cajas de cristal, muestran escenas de Barbazul.[8]

La risa suspende la fe en todas esas fábulas que perpetúan desde hace milenios la desigualdad de la mujer. El poeta Coleridge llamó «suspensión voluntaria de la incredulidad»[9] a la operación mental de un lector para dejar de lado el escepticismo y entrar en un relato «inverosímil». Quiero llamar «suspensión voluntaria de la credulidad» a la operación que consiste en dejar de creer en las teorías que justifican la falta de credibilidad de las mujeres. Dejar de creer no quiere decir censurar o suprimir. Quiere decir, literalmente, dejar de creer en pamplinas que tienen como consecuencia concreta desigualdades, que no solo son salariales. Ya que nuestra palabra no es verosímil, dejemos de creer. Esto vale para las mujeres y para todas y todos los que deseen identificarse como tales.

AGRADECIMIENTOS

Quiero dar muy especialmente las gracias a Géraldine Mosna-Savoye, por su intuición telepática, su talento, su sentido del humor y su generosidad.

Gracias también a Muriel Beyer, que me ha dejado llegar con plena libertad hasta el límite de mis obsesiones filosóficas, a Dana Burlac y Flandrine Raab, que han acompañado este libro con una profesionalidad y un sentido del *tempo* hollywoodienses.

Muchas gracias también a mis maravillosos hijos Adelchi Ghezzi y Milan Momcilovic, y también a Myriam Anderson, François Angelier, Marie Josée Buggè, Lucie Campos, Joséphine Dumoulin, Marike Gauthier, Lea y Clara Krimian, Nicole Lapierre, Nathalie Piernaz, Félix Prévost, Isabelle Saint-Saens, Sébastien Thème, Pacôme Thiellement, Teri Wehn Damisch, Juliette Zaoui, Letícia Weber Jarek, Miguel Haoni Batista.

BIBLIOGRAFÍA*

Arendt, Hannah, *Du mensonge à la violence*, trad. Guy Durand, París, Calmann-Lévy, 1972. [Edición en español: *Crisis de la república*, trad. de Guillermo Solana, Editorial Trotta, 2023].

— *Les Origines du totalitarisme*, trad. Jean-Loup Bourget, Robert Davreu, Patrick Lévy, revisada por Hélène Frappat, París, Gallimard, col. «Quarto», 2002. [Edición en español: *Los orígenes del totalitarismo*, trad. de Guillermo Solana, Madrid, Alianza Editorial, 2006].

— *Responsabilité et jugement*, trad. Jean-Luc Fidel, París, Payot y Rivages, 2009. [Edición en español: *Responsabilidad y juicio*, trad. de Miguel Candel y Fina Birulés, Barcelona, Paidós, 2007].

— *Qu'est-ce que la politique?*, trad. Carole Widmaier, Muriel Frantz-Widmaier, Sylvie Taussig, Cécile Nail, París, Éditions du Seuil, col. «Points Essais», 2016. [Edición en español: *¿Qué es la política?*, trad. de Rosa Sala Carbó, Barcelona, Paidós, 1997].

* Cuando no se cite una traducción al español, la traducción es específica para esta edición. En los casos en los que se cita una traducción al español, en general la traducción corresponde a esa edición. Hay que exceptuar los casos en los que no hemos podido localizar un ejemplar (y en ese caso, la traducción es nuestra, y así lo indicamos). Ha sido necesario adaptar las traducciones para que encajen con el resto de la obra: la autora puede insistir en tal o cual rasgo de la traducción que está utilizando que no aparece en la traducción que mencionamos. Los números de página siempre corresponden al original consultado por la autora. [*N. de la t.*]

— «La politique a-t-elle encore un sens?», en *Ontologie et politique*, trad. de Patrick Lévy, París, Éditions Tierce, 1989.

— «Compréhension et politique», en *La Philosophie de l'existence et autres essais*, trad. de Michelle-Irène Brudny, París, Petite Bibliothèque Payot, 2015.

Aristóteles, *Traité de la génération des Animaux*, trad. de inédita de Félix Prévost. [Edición en español: *Reproducción de los animales*, trad. de Ester Sánchez, Madrid, Gredos, 2016].

— *De la génération et de la corruption*, trad. de Jean Tricot, París, Vrin, 1989. [Edición en español: *Acerca de la generación y la corrupción*, trad. de Ernesto La Croce, Madrid, Gredos, 2016].

— *Métaphysique*, trad. de Marie-Paule Duminil y Annick Jaulin, París, GF, 2008. [Edición en español: *Metafísica*, trad. de Tomás Calvo, Madrid, Gredos, 2014].

Austin, John Langshaw, *Quand dire, c'est faire*, trad. de Gilles Lane, París, Éditions du Seuil, 1991. [Edición en español: *Cómo hacer cosas con palabras*, trad. de Eduardo Rabossi, Barcelona, Paidós, 1982].

Bateson, Gregory, *Vers une écologie de l'esprit*, t. II, trad. de Férial Drosso, Laurencine Lot, Christian Cler, París, Éditions du Seuil, 2008. [Edición en español: *Pasos hacia una ecología de la mente*, trad. de Ramón Alcalde, Buenos Aires, Lohlé-Lumen, 1991].

Beard, Mary, *Les femmes et le pouvoir*, trad. de Simon Duran, París, Pocket, 2020. [Edición en español: *Mujeres y poder*, trad. de Silvia Furió, Barcelona, Crítica, 2018].

Benjamin, Walter, *Pour une critique de la violence*, trad. de Antonin Wiser, París, Allia, 2019. [Edición en español: *Iluminaciones IV. Para una crítica de la violencia y otros ensayos*, trad. de Roberto Blatt, Madrid, Taurus, 1998].

Beradt, Charlotte, *Rêver sous le IIIe Reich*, trad. de Pierre Saint-Germain, París, Éditions Payot & Rivages, 2004. [Edición en español: *El Tercer Reich de los sueños*, trad. de Leandro Levi, Logroño, Pepitas de Calabaza, 2021].

Brontë, Charlotte, *Jane Eyre*, trad. de Sylvère Monod, París, Éditions 10/18, 2019. [Edición en español: *Jane Eyre*, trad. de Carmen Martín Gaite, Madrid, Alba, 2000].

Carroll, Lewis, *Tout Alice*, trad. de Henri Parisot, París, GF-Flammarion, 1979. [Edición en español: *Alicia anotada*, trad. de Torres Oliver, Barcelona, Akal, 1998].

Carson, Anne, «The Gender of Sound», en *Glass, Irony and God*, Nueva York, New Directions Books, 1992.

— «Dirt and Desire: Essay on the Phenomenology of Female Pollution in Antiquity», en *Men in the Off Hours*, Nueva York, Alfred A. Knopf, 2000. [Edición en español: «Suciedad y deseo: ensayo sobre la fenomenología de la polución femenina en la Antigüedad», en *Hombres en sus horas libres*, trad. de Jordi Doce, Barcelona Pre-Textos, 2007].

— *Norma Jeane Baker of Troy*, Nueva York, New Directions Books, 2019. [Edición en español: *Norma Jeane Baker de Troya*, trad. de Jeannette L. Clariond, Vaso Roto Ediciones, 2021.]

—«Cassandra Float Can», en *Float*, Nueva York, Alfred A. Knopf, 2016. [Edición en español: *Flota*, trad. de Jordi Doce, Cielo Eléctrico, 2021].

— *An Oresteia*, Nueva York, Faber & Faber, 2011.

— *Antigonick*, trad. de Édouard Louis, París, L'Arche, 2019. [Edición en español: *Antigo Nick*, Santiago de Chile, La Pollera Ediciones, 2022].

Carter, Angela, *La Compagnie des loups*, trad. de Jacqueline Huet, París, Éditions du Seuil, col. «Points», 1997. [Edición en español: «En compañía de lobos», en *La cámara sangrienta*, trad. de Jesús Gómez, Sexto Piso, 2027].

Cassin, Barbara, *L'Effet sophistique*, París, Gallimard, col. «Tel», 2022.

Cavell, Stanley, *La protestation des larmes. Le mélodrame de la femme inconnue*, trad. de Pauline Soulat, París, Capricci, col. «Cinémas», 2012. [Edición en español: *Más allá de las lágrimas*, trad. de David Pérez Chico, Machado Libros, 2009].

Cixous, Hélène, *Le Rire de la Méduse et autres ironies*, París, Galilée, 2010. [Edición en español: *La risa de la medusa*, trad. de Ana María Moix, Barcelona, Anthropos, 1995].

Deleuze, Gilles, *Logique du sens*, París, Éditions de Minuit, 1969. [Edición en español: *Lógica del sentido*, trad. de Miguel Morey, Barcelona, Paidós, 2005].

Detienne, Marcel, *Les Maîtres de vérité dans la Grèce archaïque*, París, Librairie Générale Française, 2006. [Edición en español: *Los maestros de la verdad en la Grecia arcaica*, trad. de Juan José Herrera, Madrid, Taurus, 1983].

Diagne, Ramatoulaye, «Philosophie et représentation de la femme: la longévité du modèle aristotélicien», en Fatou Sow (dir.), *La Recherche féministe francophone. Langue, identités et enjeux*, París, Karthala, 2009, págs. 101-107.

Eltis, Alfie, «Trump, and the History of Political Gaslighting», *Varsity Newspaper*, 2 de octubre de 2020.

Eschyle, *L'Orestie. Agamemnon*, trad. de Florence Dupont, París, L'Arche, 2013.

— *L'Orestie. Les Choéphores / Les Euménides,* trad. de Florence Dupont, París, L'Arche, 2013. [Edición en español: *Tragedias*, trad. de Bernardo Pérez Morales, Madrid, Gredos, 2002].

Frappat, Hélène, *Trois femmes disparaissent*, Arlés, Actes Sud, 2023.

— *Roberto Rossellini*, París, Éditions Cahiers du Cinéma/Le Monde, 2007. [Edición en español: *El libro de Roberto Rossellini*, Madrid, El País/Cahiers du Cinéma, 2008].

Freud, Sigmund, *Le Mot d'esprit et sa relation à l'inconscient*, trad. de Denis Messier, París, Gallimard, col. «Connaissance de l'inconscient», 1988. [Edición en español: *El chiste y su relación con lo inconsciente* (Obras completas, VIII), trad. de José Luis Etcheverry, Buenos Aires, Amorrortu, 1976].

— *The Complete Letters of Sigmund Freud to Wilhelm Fliess, 1887-1904*, trad. de Jeffrey Masson, Cambridge (Massachusetts)/Londres, Belknap Press of Harvard University Press, 1985, trad. [al francés] de Christophe Gauld, en Christophe Gauld, «La lettre à Fliess du 21 septembre 1897», *Le Coq-héron*, vol. 243, n.º 4, 2020, págs. 145-150. [Edición española parcial en: *Publicaciones prepsicoanalíticas y manuscritos inéditos en vida de Freud* (Obras completas, I), trad. de José Luis Etcheverry, Buenos Aires, Amorrortu, 1976].

— «La disparition du complexe d'Œdipe», en *La Vie sexuelle*, trad. de D. Berger, J. Laplanche y colaboradores, París, Puf, 1992, pág. 121. [Edición española: «El sepultamiento del complejo de Edipo», en *El yo y el ello y otras obras* (Obras completas, XIX), trad. de José Luis Etcheverry, Buenos Aires, Amorrortu, 1976].

Friedan, Betty, *La femme mystifiée*, trad. de Yvette Roudy, París, Belfond, 2019. [Edición española: *La mística de la feminidad*, trad. de Magali Martínez, Madrid, Cátedra, 2016].

Hegel, Georg Wilhelm Friedrich, *Phénoménologie de l'esprit*, trad. de Jean-Pierre Lefebvre, París, Aubier, col. «Bibliothèque philosophique», 1991. [Edición española: *Fenomenología del espíritu*, trad. de Antonio Gómez Ramos, Abada, 2010].

Ibsen, Henrik, *Une maison de poupée*, trad. de Eloi Recoing, Arlés, Actes

Sud, Babel, 2016. [Edición española: *Casa de muñecas* (en *Teatro*), trad. de Cristina Gómez-Baggethun, Madrid, Nórdica, 2019].

Kant, Immanuel, *Réponse à la question: Qu'est-ce que les Lumières?*, trad. de Jean-François Poirier y Françoise Proust, París, GF-Flammarion, 1991. [Edición española: *¿Qué es la Ilustración?*, trad. de Concha Roldán, Madrid, Alianza Editorial, 2013].

Kierkegaard, Søren, *Le journal du séducteur*, trad. de Paul-Henri Tisseau, revisado por Else-Marie Tisseau, París, Éditions Robert Laffont, 1993. [Edición española: *Diario de un seductor*, trad. de Demetrio Gutiérrez, Madrid, Alianza Editorial, 2014].

Klemperer, Victor, *LTI. La langue du IIIe Reich*, trad. de Élisabeth Guillot, París, Pocket, 2003. [Edición española: *LTI: La lengua del Tercer Reich. Apuntes de un filólogo*, trad. de Adan Kovacsics, Barcelona, Minúscula, 2001].

Lacan, Jacques, *Le séminaire. Livre XX, Encore*, París, Seuil, 1975. [Edición en español: *El seminario, libro 20. Aún*, trad. de Diana Rabinovich y Julieta Sucre, Buenos Aires, Paidós, 2008].

Loraux, Nicole, *Les mères en deuil*, París, Éditions du Seuil, 1990. [Edición en español: *Madres en duelo*, Madrid, Abada, 2004].

— *La voix endeuillée. Essai sur la tragédie grecque*, París, Gallimard, 2001. [Edición en español: *La voz enlutada: ensayo sobre la tragedia griega*, Avarigani Editores, 2020].

Lycophron, *Cassandre*, trad. de Pascale Hummel, París, Éditions Comp'Act, 2006.

Lyotard, Jean-François, *Le Différend*, París, Les Éditions de Minuit, 1983. [Edición en español: *La diferencia*, Barcelona, Gedisa, 1988].

Mannoni, Olivier, *Traduire Hitler*, París, Éditions Héloïse d'Ormesson, 2022.

Mcguill, Dan, «Did People Refer to Gaslighting During the Era of "I Love Lucy"?», 23 de diciembre de 2021; <https://www.snopes.com/fact-check/i-love-lucy-ball-gaslight>.

Mclendon, Winzola, *Martha. The Life of Martha Mitchell*, Nueva York, Ballantine Books, 1980.

Milton, John, *Doctrine et discipline du divorce*, trad. de Christophe Tournu, París, Belin, col. «Littérature et politique», 2005.

Orwell, George, *1984*, trad. de Josée Kamoun, París, Gallimard, 2018. [Edición en español: *1984*, trad. de María José Martín Pinto, Akal, 2022].

Perkins Gilman, Charlotte, *Le papier peint jaune*, trad. colectiva Éditions des Femmes, París, Éditions des Femmes Antoinette Fouque, 1976. [Edición en español: *El papel pintado amarillo*, trad. de María José Chuliá, Zaragoza, Contraseña, 2012].

Perrault, Charles, *La Barbe Bleue*, París, Éditions du Chêne, 2006.

Plutarco, «Vie de Solon», en *Vies parallèles*, trad. de Anne-Marie Ozanam, Gallimard, «Quarto», 2001. [Edición en español: *Solón* (Vidas paralelas II), trad. de Aurelio Pérez Jiménez, Madrid, Gredos, 2024].

— *Le Rire de la Méduse. Regards critiques*, textos reunidos por Frédéric Regard y Martine Reid, París, Honoré Champion, 2015.

Revault d'Allonnes, Myriam, *La Faiblesse du vrai. Ce que la post-vérité fait à notre monde commun*, París, Seuil, 2020.

— *L'Esprit du macronisme ou l'Art de dévoyer les concepts*, París, Seuil, 2021.

Sarraute, Nathalie, *L'usage de la parole*, París, Gallimard, 1980.

Simenon, Georges, *La vérité sur Bébé Donge*, París, Gallimard, 1945. [Edición en español: *La verdad sobre mi mujer*, trad. de Gabriel Albiñana, Barcelona, Tusquets, 2005].

Solnit, Rebecca, «Feminism Taught Me all I Need to Know About Men Like Trump and Putin», *The Guardian*, 25 de febrero de 2023.

— *Ces hommes qui m'expliquent la vie*, trad. de Céline Leroy, París, Éditions de L'Olivier, 2018. [Edición en español: *Los hombres me explican cosas*, trad. de Paula Martín, Madrid, Capitán Swing, 2016].

— *Souvenirs de mon inexistence*, trad. de Céline Leroy, Éditions de l'Olivier, 2022. [Edición en español: *Recuerdos de mi inexistencia*, trad. de Antonia Martín, Barcelona, Lumen, 2021].

Sontag, Susan, *Le Style camp*, trad. de Guy Durand, París, Christian Bourgois Éditeur, 2022. [Edición en español: «Notas sobre lo *camp*», en *Contra la interpretación*, trad. de Horacio Vázquez-Rial, Madrid, Alfaguara, 1996].

Stark, Evan, *Coercive Control: How Men Entrap Women in Personal Life (Interpersonal Violence)*, Oxford, Oxford University Press, 2007.

Théry, Irène, *Moi aussi. La nouvelle civilité sexuelle*, París, Éditions du Seuil, col. «Traverse», 2022.

Vidal-Naquet, Pierre, *Les Assassins de la mémoire.* «Un Eichmann de papier» *et autres essais sur le révisionnisme*, París, La Découverte, 2005.

[Edición en español: «Un Eichmann de papel», en *Los asesinos de la memoria*, trad. de León Mames, Siglo XXI, 1994].

Vuillerod, Jean-Baptiste, «Hegel féministe?», <laviedesidees.fr>, 7 de febrero de 2017.

Wallace, Anthony, *Culture and Personality*, Nueva York, Random House, «*Studies in Anthropology*», 1961.

Wolf, Christa, *Cassandre. Les prémisses et le récit*, trad. de Alain Lance y Renate Lance-Otterbein, París, Éditions Stock, 2003. [Edición en español: *Casandra*, trad. de Miguel Sáenz, Madrid, Alfaguara, 1986].

PELÍCULAS Y PROGRAMAS DE RADIO

Luz que agoniza (*Gaslight*), George Cukor, Metro-Goldwyn-Mayer, Estados Unidos, 1944.

Luz de gas (*Gaslight*), Thorold Dickinson, Anglo-American Film Corp., Reino Unido, 1940.

Solo el cielo lo sabe (*All That Heaven Allows*), Douglas Sirk, Estados Unidos, 1955.

Une femme disparaît (*The Lady Vanishes*), Alfred Hitchcock, Gainsborough, Reino Unido, 1938.

Rebeca (*Rebecca*), A. Hitchcock, Selznick, Estados Unidos, 1940.

Sospecha (*Suspicion*), A. Hitchcock, RKO, Estados Unidos, 1941.

La mujer pantera (*Cat People*), Jacques Tourneur, RKO, Estados Unidos, 1942.

Noche en el alma (*Experiment Perilous*), J. Tourneur, RKO, Estados Unidos, 1944.

Encadenados (*Notorious*), A. Hitchcock, RKO (Vanguard), Estados Unidos, 1946.

Crimen perfecto (*Dial M for Murder*), A. Hitchcock, Warner Bros., Estados Unidos, 1954.

Te querré siempre (*Viaggio in Italia*), Roberto Rossellini, Italia Film, Junior Film, Sveva Film, Les Films Ariane, Francine, SGC, Francia-Italia, 1954.

Ya no creo en el amor (*La Paura*), R. Rossellini, Ariston Film & Aniene Film, Italia, RFA, Mónaco, 1954.

Vértigo (*De entre los muertos*) (*Vertigo*), A. Hitchcock, Paramount & Hitchcock co., Estados Unidos, 1958.

Los pájaros (*Birds*), A. Hitchcock, Universal & Hitchcock co., Estados Unidos, 1963.

Marnie, la ladrona (*Marnie*), A. Hitchcock, Universal, Estados Unidos, 1964.

La semilla del diablo (*Rosemary's Baby*), Roman Polanski, Paramount, Estados Unidos, 1968.

L'Amour fou, Jacques Rivette, Sogexportfilm, Francia, 1969.

Martha, Rainer Werner Fassbinder, Pro-ject Filmproduktion, RFA, 1974.

Las esposas de Stepford (*The Stepford Wives*), Bryan Forbes, Columbia, Estados Unidos, 1975.

Scream. Vigila quién llama (*Scream*), Wes Craven, Woods Entertainment, Estados Unidos, 1996.

Scream 2, W. Craven, Alliance, Dimension Films, Konrad Pictures, Craven-Maddalena Films, Estados Unidos, 1997.

Lo que la verdad esconde (*What Lies Beneath*), Robert Zemeckis, DreamWorks, 20th Century Fox, ImageMovers, Estados Unidos, 2000.

Una rubia muy legal (*Legally Blonde*), Robert Luketic, Type A Films, Marc Platt Productions, Metro-Goldwyn-Mayer, Estados Unidos, 2001.

Gaslit (serie), Robbie Pickering, Universal Content Productions, Estados Unidos, 2022.

Los asesinatos de mamá (*Serial Mom*), John Waters, Estados Unidos, 1994.

«Les fantômes de l'hystérie. Histoire d'une parole confisquée», documental en cuatro episodios de Pauline Chanu, realizado por Annabelle Brouard, *LSD/La série documentaire*, France Culture, 2023.

NOTAS

La mujer desvanecida

1. *Dictionnaire de l'Académie française,* 9.ª edición (vigente).
2. *Ibid.*

1. Una película

1. El marido de Paula (interpretado por Charles Boyer) en *Luz de gas*.

2. Una palabra

1. <https://www.merriam-webster.com/words-at-play/word-of-the-year>.
2. <https://www.washingtonpost.com/>, 27 de abril de 2022.
3. Para Cedric Gibbons, William Ferrari, Paul Huldschinsky y Edwin B. Willis.
4. *Miami News*, 16 de septiembre de 1948, citado en Dan McGuill, *Did People Refer to Gaslighting During the Era of «I Love Lucy?»*, 23 de diciembre de 2021, <https://www.snopes.com/fact-check/i-love-lucy-ball-gaslight/>.

5. *Ibid.*

6. *The Lucy Show*, emitida en la CBS de 1962 a 1968, secuela de la comedia de Lucille Ball *Te quiero, Lucy* (1951-1957).

7. Anthony Wallace, *Culture and Personality*, en «*Studies in Anthropology*», Nueva York, Random House, 1961.

3. Una categoría psicológica

1. En *Cómo hacer cosas con palabras* (Barcelona, Paidós, 2016, trad. de Genaro R. Carrió y Eduardo A. Rabossi), John L. Austin describe unos enunciados que *son* en sí mismos la acción a la que aluden, como el oficiante que casa a los contrayentes al pronunciar la fórmula ritual «Os declaro marido y mujer». Austin da a estos enunciados el nombre de enunciados *performativos*.

2. «Gaslighting», *APA Dictionary of Psychology*, <https://dictionary.apa.org/gaslight>.

3. Gregory Bateson, *Vers une écologie de l'esprit*, t. II, trad. de F. Grosso y L. Lot, París, Éditions du Seuil, 2008, pág. 21. [Edición en español: *Pasos hacia una ecología de la mente*, t. II, trad. de Ramón Alcalde, Buenos Aires, Lohlé-Lumen, 1991.]

4. *Ibid.*

5. *Ibid.*, pág. 15.

6. *Ibid.*

7. *Ibid.*, pág. 16.

8. *Ibid.*

9. *Ibid.*

4. Una ironía

1. Analizamos esta subversión en el «Acto 4».

2. Georges Simenon, *La vérité sur Bébé Donge*, París, Gallimard, 1945, pág. 218. [Edición en español: *La verdad sobre mi mujer*, trad. de Javier Albiñana, Barcelona, Tusquets, 2005.]

3. Stanley Cavell, *La protestation des larmes*, trad. de Pauline Soulat, París, Capricci, 2012, págs. 92-93. [Edición en español: *Más allá de las*

lágrimas, trad. de David Pérez Chico, Madrid, Antonio Machado Libros, 2009.]

4. *Le Rire de la Méduse. Regards critiques,* textos reunidos por F. Regard y M. Reid, París, Honoré Champion, 2015, pág. 147.

5. De Charlotte Brontë (1847).

6. Gregory Bateson, *Vers une écologie de l'esprit,* o. cit., pág. 43. [Edición en español: *Pasos hacia una ecología de la mente*, trad. de Ramón Alcalde, Buenos Aires, Lohlé-Lumen 1991.]

7. La cursiva es mía.

8. Gregory Bateson, *Vers une écologie de l'esprit,* o. cit., págs. 43-44.

9. Betty Friedan, *La femme mystifiée*, trad. de Yvette Roudy, París, Belfond, 2019, pág. 27. [Edición en español: *La mística de la feminidad*, trad. de Magali Martínez Solimán, Madrid, Cátedra, 2009.]

10. *Ibid.*, pág. 125. La cursiva es mía.

11. *Ibid.*, pág. 24.

12. *Ibid.*, pág. 563.

13. *Ibid.*, pág. 100.

14. *Ibid.*, págs. 100-101.

15. *Ibid.*, pág. 108.

16. *Ibid.*, pág. 109.

17. *Ibid.*, pág. 106.

18. *Ibid.*, pág. 420.

19. *Ibid.*, pág. 421.

20. *Ibid.*, pág. 420.

21. *Ibid.*, pág. 421.

22. *Ibid.*

23. *Ibid.*

24. En *Solo el cielo lo sabe* (1955), dirigida por Douglas Sirk, un hermano y una hermana adultos impiden que su madre viuda tenga una aventura amorosa con su joven jardinero, pero le regalan un televisor para compensarla en el que se refleja la imagen solitaria de la actriz Jane Wyman.

25. Gregory Bateson, *Vers une écologie de l'esprit*, o. cit., pág. 45.

26. Betty Friedan, *La femme mystifiée*, o. cit., pág. 475.

27. *Ibid.*, pág. 347.

5. Un crimen perfecto

1. En su artículo de 1997, «Violations of Power, Adaptive Blindness, and Betrayal Trauma Theory», *Feminism and Psychology*, n.º 7, págs. 22-32.

2. *Ibid.*

3. Pandora es descrita por Hesíodo como «esa calamidad fatal para los hombres. Pues de ella procede la raza de las mujeres hembras, la raza más perniciosa de las mujeres, el azote más cruel que existe entre los hombres mortales», «esas mujeres que no hacen más que el mal», en *Teogonía*, v. 589-603.

4. Charles Perrault, *La Barbe Bleue*, París, Éditions du Chêne, 2006, pág. 6. [Edición en español: *Barba Azul*, México, Fondo de Cultura Económica, 2012.]

5. Immanuel Kant, *Réponse à la question: Qu'est-ce que les Lumières ?,* trad. de J.-F. Poirier y F. Proust, París, GF-Flammarion, 1991. [Edición en español: *¿Qué es la ilustración?*, trad. de Roberto Aramayo y Concha Roldán, Madrid Alianza Editorial, 2013.]

6. Cambio de escala

1. Stephanie Sarkis, *USA Today*, 3 de octubre de 2018.

2. Stephanie Sarkis, *USA Today*, o. cit.

3. Alfie Eltis, *Varsity Newspaper*, 7 de febrero de 2022.

4. Hannah Arendt, *Du mensonge à la violence*, trad. de Guy Durand, París, Calmann-Lévy, 1972, pág. 9. [Edición en español: *Las crisis de la República*, trad. de Guillermo Solana, Madrid, Trotta, 2023.]

5. *Ibid.*, pág. 8.

6. *Ibid.*, pág. 17.

7. Como dice un personaje de la película de Claude Chabrol *Relaciones sangrientas* (1973), «cuando los sucesos entran en escena, la política se aleja».

8. Rebecca Solnit, *Ces hommes qui m'expliquent la vie*, trad. de Céline Leroy, París, Éditions de l'Olivier, 2018. [Edición en español: *Los hombres me explican cosas*, trad. de Paula Martín, Madrid, Capitán Swing, 2014.]

9. Evan Stark, *Coercive Control: How Men Entrap Women in Personal Life (Interpersonal Violence),* Oxford, Oxford University Press, 2007.

10. Rebecca Solnit, «Feminism Taught Me All I Need to Know about Men Like Trump and Putin», *The Guardian*, 25 de febrero de 2023.

11. En *La protestation des larmes*, o. cit.

7. Soledad en pareja

1. Ópera en tres actos de Gaetano Donizetti (1839). Las citas proceden del libreto de Salvatore Cammarano.

2. Søren Kierkegaard, *Le journal du séducteur*, trad. de Paul-Henri Tisseau, revisada por Else-Marie Tisseau, París, Éditions Robert Laffont, 1993, pág. 293. [Edición en español: *Diario de un seductor*, trad. de Demetrio Gutiérrez Rivero, Madrid, Alianza Editorial, 2014.]

3. Hannah Arendt, *Les origines du totalitarisme*, tercera parte, cap. XIII, trad. de J.-L. Bourget, R. Davreu, P. Lévy, revisada por Hélène Frappat, París, Quarto Gallimard, 2002, pág. 832. [Edición en español: *Los orígenes del totalitarismo*, cap. XIII, trad. de Guillermo Díez Solana, Madrid, Alianza Editorial, 2006.]

4. *Ibid.*, págs. 834-835.

5. Hannah Arendt, *Qu'est-ce que la politique ?*, trad. de C. Widmaier, M. Frantz-Widmaier, S. Taussig, C. Nait, París, Éditions du Seuil, 2014, pág. 168. [Edición en español: *¿Qué es política?,* trad. de Rosa Salas, Barcelona, Paidós, 1997.]

6. *Ibid.*, pág. 169.

7. *Ibid.*

8. Hannah Arendt, *Les origines du totalitarisme*, o. cit., pág. 834.

9. *Ibid.*, pág. 835.

10. *Ibid.*

11. *Ibid.*, pág. 836.

12. *Ibid.*, pág. 837.

13. *Ibid.*

14. *Ibid.*

8. Matar el tiempo

1. Hannah Arendt, *Les origines du totalitarisme*, o. cit., pág. 835.
2. *Ibid.*, pág. 837.
3. *Ibid.*, pág. 834.

9. ¡Que le corten la cabeza! (al lenguaje)

1. Interpretado por Joseph Cotten.
2. Hannah Arendt, *Les origines du totalitarisme*, o. cit., pág. 834.
3. Lewis Carroll, *Les Aventures d'Alice au Pays des merveilles*, en *Tout Alice*, trad. de Henri Parisot, París, GF Flammarion, 1979, págs. 103-105. [Edición en español: *Alicia en el País de las Maravillas*, en *Alicia anotada*, trad. de Francisco Torres Oliver, Ediciones Akal, 2020.]
4. Lewis Carroll, *De l'autre côté du miroir et de ce qu'Alice y trouva*, trad. de Henri Parisot, o. cit., pág. 276. [Edición en español: *A través del espejo y lo que Alicia encontró allí*, en *Alicia anotada*, o. cit.]
5. *Ibid.*, pág. 277.
6. *Ibid.*, pág. 281.
7. *Ibid.*
8. *Ibid.*
9. *Ibid.*, pág. 282.
10. *Les Aventures d'Alice au Pays des merveilles*, o. cit., pág. 200.
11. *Ibid.*, pág. 65.
12. *Ibid.*
13. En *Logique du sens*, Les Éditions de Minuit, 1969. [Edición en español: *Lógica del sentido*, trad. de Miguel Morey, Barcelona, Paidós, 1989], magnífica variación sobre Lewis Carroll, Gilles Deleuze contrapone la ironía (sobre todo la socrática), cuyas «figuras [...] encierran toda la singularidad en los límites del individuo o de la persona» (pág. 165), al humor, «un nuevo tipo de lenguaje esotérico, que es su propio modelo y su propia realidad» (pág. 166). En la «paradoja» carrolliana, la «donación del sentido» tiene lugar al margen del sentido habitual de las palabras y también del sentido común, la *doxa* (que son dos fuerzas complementarias). Es un lenguaje sin un sujeto que se exprese, sin un objeto que designar. Gilles Deleuze escribe desde el territorio de la lo-

cura que aparece «contra el sentido común, o a espaldas de la conciencia, contra el sentido habitual de las palabras» (pág. 98). Mi genealogía del *gaslighting* desciende a las profundidades de las paradojas del agresor (Humpty Dumpty y los demás), con el fin de desenterrar el terror que el avistamiento del «volverse loco» genera (también) en Alicia, que acaba huyendo. Lejos de ser una crítica de la irrefutable «narrativa deleuziana», es su contracampo, escrito enteramente desde el punto de vista *de la niña* atrapada en el País de las Maravillas.

14. *Les Aventures d'Alice au Pays des merveilles*, o. cit., pág. 168.

10. La voz descalificada

1. Anne Carson, «The Gender of Sound», en *Glass, Irony and God*, Nueva York, A New Directions Book, 1992, pág. 121. [Edición en español: *Cristal, ironía y Dios*, trad. de Jeannette L. Clariond, Madrid, Vaso Roto, 2022. La traducción es nuestra.]

2. Aristóteles, *Traité de la génération des animaux*, livre V, chapitre VI, 786, trad. (inédita) de Félix Prévost. [Edición en español: *Reproducción de los animales*, libro V, capítulo VI, trad. de Ester Sánchez, Madrid, Gredos, 2016.]

3. *Ibid.*, 787 (25-30).

4. *Ibid.*, 788 (Aristóteles llama a estos pesos *laicos*).

5. Anne Carson, «The Gender of Sound», art. cit., pág. 119.

6. *Ibid.*, pág. 120.

7. Mary Beard, *Les femmes et le pouvoir*, trad. de Simon Duran, Pocket, 2020, pág. 23. [Edición en español: *Mujeres y poder*, trad. de Silvia Furió, Barcelona, Planeta, 2018.]

8. «Sin ánimo de ofender a Aristóteles»: así comienza Elle Woods su discurso de graduación al final de la película de Robert Luketic de 2001 *Una rubia muy legal.*

9. Véase el testimonio de Sandrine Rousseau en el episodio 3 de la extraordinaria serie documental francesa de Pauline Chanu, *Les fantômes de l'hystérie. Histoire d'une parole confisquée*, dirigida por Annabelle Brouard, emitida en France Culture.

10. Mary Beard, *Les femmes et le pouvoir*, o. cit., págs. 31-32.

11. Anne Carson, «The Gender of Sound», art. cit., págs. 120-121.

12. El 23 de junio de 2021, en un tribunal de Los Ángeles, Britney Spears denunció las condiciones muy estrictas de su tutela, exigiendo el derecho a que se le retirara el DIU: «Quiero poder casarme y tener un hijo. Me acaban de decir que bajo tutela no puedo casarme ni tener un hijo. Estoy harta de sentirme sola. Merezco los mismos derechos que cualquiera». La presidenta de Planned Parenthood la apoyó públicamente, diciendo que se trataba de una «coacción reproductiva».

13. Véase el documental de Lee Salisbury *Britney Spears at Breaking Point*, 2019, y especialmente *Framing Briney Spears*, de Samantha Stark, producido por *The New York Times* en 2021.

14. Anne Carson, «The Gender of Sound», art. cit., pág. 134.

15. *Ibid.*

16. Sófocles, *Áyax*, pág. 586.

17. Homero, *Odisea*, citado por Mary Beard, *Les femmes et le pouvoir*, o. cit., pág. 12.

18. Anne Carson, «The Gender of Sound», art. cit., pág. 127.

19. Plutarco, *Vies paralleles*, Solon, XXI, v. 5-7, trad. de Anne-Marie Ozanam, Gallimard, Quarto, 2001, pág. 217. [Edición en español: *Vidas paralelas II*, Solón, trad. de Aurelio Pérez Jiménez, Madrid, Gredos, 2016.]

20. Citado por Mary Beard, *Les femmes et le pouvoir*, o. cit., pág. 22.

21. Anne Carson, «The Gender of Sound», art. cit., págs. 129-130.

22. *Ibid.*, pág. 131.

23. *Ibid.*, págs. 129-130.

11. El «verdadero matrimonio»

1. Henrik Ibsen, *Une maison de poupée*, trad. de Eloi Recoing, Actes Sud, Babel, 2016, págs. 136-139. [Edición en español: *Casa de muñecas (Teatro 1877-1890)*, trad. de Cristina Gómez-Baggethun, Madrid, Nórdica, 2019.]

2. *Viaggio in Italia*, 1954.

3. Henrik Ibsen, *Une maison de poupée*, o. cit., pág. 30.

4. *Ibid.*, pág. 21.

5. *Ibid.*, pág. 135.

6. *Ibid.*, pág. 17.

7. *Ibid.*, pág. 57.

8. Hannah Arendt, *La politique a-t-elle encore un sens?*, trad. de Patrick Lévy, en *Ontologie et politique*, Éditions Tierce, 1989, pág. 167.

9. Véase Irène Théry, *Moi aussi. La nouvelle civilité sexuelle*, «Les cinq traits du mariage-conversation», París, Editions du Seuil, col. Traverse, 2022, pág. 154 y ss.

10. Henrik Ibsen, *Une maison de poupée*, o. cit., pág. 11.

11. *Ibid.*, pág. 15.

12. *Ibid.*, pág. 12.

13. *Ibid.*

14. *Ibid.*, pág. 13.

15. *Ibid.*, pág. 14.

16. Nathalie Sarraute, *L'Usage de la parole*, París, Gallimard, 1980, pág. 98.

17. *Ibid.*

18. *Ibid.*, pág. 99.

19. *Ibid.*

20. *Ibid.*, pág. 98.

21. *Ibid.*, pág. 99.

22. *Ibid.*

23. *Ibid.*

24. *Ibid.*, págs. 101-102.

25. Henrik Ibsen, *Une maison de poupée*, o. cit., pág. 14.

26. *Ibid.*

27. *Ibid.*, pág. 28.

28. «NORA. [...] Torvald me los tiene prohibidos. Tiene miedo de que me estropeen los dientes». (*Ibid.*, pág. 37.)

29. *Ibid.*, pág. 15.

30. *Ibid.*

31. *Ibid.*

32. *Ibid.*, pág. 20.

33. *Ibid.*, pág. 35.

34. Stanley Cavell, *La protestation des larmes*, o. cit., pág. 19. *Cf.* John Milton, «The Doctrine and Discipline of Divorce», en *The Divorce Tracts of John Milton: Texts and Contexts*, Duquesne University Press Pittsburg, 2010.

35. *Ibid.*, pág. 17.

36. *Ibid.*
37. *Ibid.*, págs. 20-21.
38. *Notorious*, 1946.
39. *Under Capricorn*, 1949.
40. *La Paura/Angst*, 1954.
41. Remito a mi libro *Roberto Rossellini*, Éditions Cahiers du Cinéma/Le Monde, 2007, pág. 54 y ss.
42. Alfred Hitchcock por sí solo llenaría un catálogo de películas de luz de gas. (Sobre el sadismo de Alfred Hitchcock, véase mi novela *Trois femmes disparaissent*, Actes Sud, 2023.) Pertenecen a esta categoría *Atormentada*, *La ventana indiscreta* (*Rear Window*, 1956), *Vértigo / De entre los muertos* (*Vertigo*, 1958), *Marnie la ladrona* (*Marnie*, 1954) y, la más programática, *Crimen perfecto* (*Dial M for Murder*, 1954), en la que el marido encarga a un cómplice que asesine a su mujer estrangulándola con el cable del teléfono. Esta puesta en escena *literal* de la desactivación de las cuerdas vocales femeninas es una perversión de la función social del teléfono (hacer posible un vínculo y una conversación, permitir que un ama de casa acceda al mundo exterior) transformándolo en un arma letal. En *Rebeca*, una joven huérfana y sin familia, fortuna, experiencia ni nombre (el espectador nunca llega a saber su nombre o su apellido) ve su mundo invadido por la primera mujer de su marido. La pobre huérfana pasa de la condición de dama de compañía (que consiste en escuchar en silencio el charloteo incesante de una rica estadounidense) a la de ama de casa ilegítima en una casa regida por el recuerdo de «Rebeca». Acaba sospechando que su marido ha asesinado a la misteriosa esposa de la que nunca habla. Como la mujer de Barba Azul, ronda la puerta del dormitorio de la primera mujer. Los trávelin de Alfred Hitchcock se acercan a la puerta cerrada, materializando la obsesión de la mujer sin nombre por la otra mujer, Rebeca. Con Ingrid Bergman en la misma época, Joan Fontaine es la actriz ideal para una película de luz de gas. Con los ojos bajos, lanza miradas inquietantes; sus hombros gráciles se contraen dentro de sus blusas de colegiala o sus chaquetas de punto de señora mayor; se va encorvando, sus piernas largas están ocultas tras gruesas faldas de *tweed*; sus pies finos están calzados con mocasines casi planos que no hacen ruido alguno cuando recorre nerviosa los pasillos de la mansión, con miedo cons-

tante a molestar a alguien. En *Rebeca* y luego en *Sospecha* (donde interpreta a una esposa convencida de que su marido la quiere envenenar) es una presa muda que se sobresalta cuando alguien le dirige la palabra, un animalillo acosado huyendo de un peligro cada vez más abstracto. ¿Qué le da tanto miedo, su marido o el propio matrimonio?

43. Betty Friedan, *La femme mystifiée*, o. cit., págs. 98-99.

44. Existe una versión entre paródica y terrorífica de las películas de luz de gas. Se trata de *Las esposas de Stepford* (*The Stepford Wives*), una película de ciencia ficción feminista dirigida por Bryan Forbes en 1975. En una ciudad de elevado nivel social cerca de Nueva York, los maridos, reunidos en un club prohibido para las mujeres, lobotomizan a sus esposas para transformarlas en robots que cumplan todos sus deseos. *Las esposas de Stepford* ejemplifica un proyecto político de cadaverizar a la mujer independiente. Las mujeres de Stepford tenían autonomía, personalidad, aspiraciones, una carrera, antes de convertirse contra su voluntad en esclavas con delantales de flores dedicadas a saciar los apetitos masculinos en todas sus formas, desde las exigencias gastronómicas hasta las fantasías sexuales. En la última secuencia, vemos el baile de las amas de casa sacrificadas por sus maridos, caminando por un supermercado que recorren sin decir una palabra, con la mirada vacía y llenando mecánicamente los carritos. *Las esposas de Stepford* es la adaptación de una novela de Ira Levin, también autor de *Rosemary's Baby*, a partir de la cual Roman Polanski hizo una impresionante película de luz de gas en 1968.

45. *Lo que la verdad esconde*, 2000.

46. Alusión a *La ventana indiscreta*, relato terrorífico de un feminicidio a través de los ojos de una modelo (Grace Kelly) que se convierte en detective improvisada con unos gemelos para que su novio (James Stewart) se fije por fin en ella.

47. Claire, Paula y Jane Eyre creen que están locas porque oyen ruidos, cuando en realidad están percibiendo una manifestación (espectral o real) de crímenes cometidos por sus maridos. El sótano de *Lo que la verdad esconde* es el equivalente subterráneo de la buhardilla de *Jane Eyre*, donde el marido bígamo esconde a su primera mujer, supuestamente porque «está loca». Lo que oye Jane son sus pasos.

48. La más impresionante de las películas de luz de gas vampíricas es sin duda *Martha,* de Rainer Werner Fassbinder (1973). Aquí solo me

detendré en las películas que abonan directamente mi demostración y dejo al lector que añada a este repertorio las películas de su elección.

49. Stanley Cavell, *La protestation des larmes*, o. cit., págs. 110-111.

12. La mujer imposible de casar

1. Sigmund Freud, *Le mot d'esprit et sa relation à l'inconscient*, trad. de Denis Messier, París, Gallimard, 1988, pág. 131. [Edición en español: *El chiste y su relación con lo inconsciente* (*Obras completas*, vol. VIII), trad. de José Luis Echeverry, Buenos Aires, Amorrortu 1961.]

2. *Ibid.*, pág. 130.

3. *Ibid.*, pág. 131.

4. *Ibid.*

5. *Ibid.*, págs. 131-132.

6. *Ibid.*, pág. 361.

7. La expresión procede de Didier Anzieu en *L'Auto-analyse de Freud*, París, PUF, 1998.

8. Sigmund Freud, *Le mot d'esprit et sa relation à l'inconscient*, o. cit., pág. 131.

9. La cultura pop estadounidense no es una excepción. Véase la divertidísima parodia de *Gaslight* de Cukor en *Saturday Night Live Cinema Classics: Gaslight.* (En el canal de YouTube de «Saturday Night Live».)

10. Barbara Cassin, *L'Effet sophistique*, París, Gallimard, col. «Tel», 2022, pág. 17.

11. *Ibid.*, pág. 16.

12. *Ibid.*

13. *Ibid.*, pág. 394.

14. Sigmund Freud, *Le mot d'esprit et sa relation à l'inconscient*, o. cit., pág. 131.

15. *Ibid.*

16. *Ibid.*, pág. 134.

17. *Ibid.*, pág. 130.

18. *Ibid.*, pág. 131.

19. *Ibid.*

20. *Ibid.*, pág. 132.

21. Barbara Cassin, *L'Effet sophistique*, o. cit., pág. 397.

22. Sigmund Freud, *Le mot d'esprit et sa relation à l'inconscient*, o. cit., págs. 124-125.

23. *Ibid.*, pág. 134.

24. *Ibid.*

25. *Ibid.*, pág. 135.

26. Esquilo, *L'Orestie, Agamemnon*, trad. de Florence Dupont, París, L'Arche Éditeur, 2013, pág. 57. [Edición en español: *Agamenón. Tragedias*, trad. de Bernardo Perea Morales, Madrid, Gredos, 2002.]

27. Barbara Cassin, *L'Effet sophistique*, o. cit., pág. 78.

28. *Ibid.*, pág. 79.

29. *Ibid.*

30. Esquilo, *L'Orestie, Agamemnon*, o. cit., pág. 59.

31. Barbara Cassin, *L'Effet sophistique*, o. cit., pág. 401.

32. Gorgias, Éloge d'Hélene, citado por Barbara Cassin, *L'Effet sophistique*, o. cit., pág. 74.

33. *Ibid.*, pág. 144 (7).

34. *Ibid.*, pág. 146 (12).

35. *Ibid.*, pág. 144 (8).

36. *Ibid.*, pág. 145.

37. *Ibid.*, pág. 148 (12).

38. *Ibid.*, pág. 146.

39. Sganarelle en *El médico a su pesar* de Molière, 1666.

40. Jacques Lacan, *Le séminaire. Livre XX, Encore*, París, Éditions du Seuil, 1975, pág. 54. [Edición en español: *El seminario. Libro XX, Aún*, trad. de Diana Rabinovich, Buenos Aires, Paidós, 2008.]

41. *Ibid.*, pág. 36.

42. *Ibid.*

43. Barbara Cassin, *L'Effet sophistique*, o. cit., pág. 401.

44. La expresión procede de Hugo von Hofmannsthal, en su libreto para la ópera *Helena la Egipcia*, de Richard Strauss.

45. Esquilo, *L'Orestie, Agamemnon*, o. cit., pág. 59.

46. *Ibid.*, pág. 58.

47. Anne Carson, *Norma Jeane Baker of Troy*, Nueva York, New Directions Books, 2019, pág. 23. [Edición en español: *Norma Jeane Baker de Troya*, trad. de Jeannette L. Clariond, Madrid, Vaso Roto, 2019.]

48. Stanley Cavell, *La protestation des larmes*, o. cit., pág. 158.
49. *Ibid.*, pág. 160.

13. Un arte oratorio

1. *Experiment Perilous.*
2. En *L'amour fou*, sublime película de luz de gas de Jacques Rivette (1969), Claire (Bulle Ogier) utiliza un magnetofón para grabar una serie de «pruebas» contra su pareja Sébastien (Jean-Pierre Kalfon). Con el pretexto de que la joven actriz genial «está cansada», la manipula para que renuncie al papel de Andrómaca en la obra de Racine que está dirigiendo y la sustituye por su exmujer. Claire está atrapada en el papel invisible e ingrato de ama de casa, petrificada por los días vacíos que pasa esperando la vuelta de Sébastien y preparando la cena para él, la compañía y la amante, cuya existencia niega Sébastien, acusando a Claire de paranoica. Cuanto más se hunde ella, más la humilla Sébastien con «bromas» sádicas, haciendo participar a los invitados y comparándola con un perro. La película de Rivette, como la de Zemeckis, escenifica el combate trágico de una «Claire» atrapada en la trampa de su matrimonio, para mantener su *lucidez*. En *L'Amour fou*, lo consigue ante todo mediante la inversión *literal* del lenguaje de doble sentido de Sébastien (a lo Humpty Dumpty): como él la trata como a un perro (al tiempo que la hace pasar por loca cuando se siente justamente herida por la comparación deshumanizadora), ella se pone a buscar al perro al que se supone que se parece. En otras palabras, intenta *convertirse en un perro* para exponer el carácter humillante del *gaslighting*. Sin embargo, su verdadera emancipación consiste en el diario sonoro que elabora cuando siente que su razón la abandona. Gracias a este registro de la realidad que la rodea («prueba n.º 1, prueba n.º 2»...) encuentra fuerzas para huir. El gesto ético de la puesta en escena consiste en comenzar la película con la huida de Claire en un tren. Así pues, desde la primera secuencia, el espectador vive la historia desde el punto de vista de su liberación.
3. *Cat People*, 1942.
4. El pretendiente se llama Alec Gregory, otra casualidad objetiva (dirían los surrealistas) que vincula *Noche en el alma* con *Luz de gas*.
5. *OED*, Oxford University Press, Word of the Year 2016.

6. Myriam Revault d'Allonnes, *La Faiblesse du vrai. Ce que la post-vérité fait à notre monde commun*, París, Points Essais, 2021, págs. 28-29.

7. Sean Michael Spicer fue el trigésimo primer secretario de prensa de la Casa Blanca, del 20 de enero al 21 de julio de 2017, y director de comunicaciones de la Casa Blanca del 20 de enero al 6 de marzo de 2017.

8. Immanuel Kant deconstruyó las pruebas de la existencia de Dios en su *Crítica de la razón pura* de 1781.

9. Véase «Acto 3. Creer a Casandra».

10. La expresión es de Stanley Cavell.

11. Hannah Arendt, *Les origines du totalitarisme*, o. cit., pág. 832.

12. El *gaslighting* está en el corazón del «por otra parte» macronista, el «arte de pervertir los conceptos» que Myriam Revault d'Allonnes analiza en *L'Esprit du macronisme* (París, Éditions du Seuil, Points Essai, 2021). Subraya que «el problema no es el de la inmutabilidad de la lengua, sino, a la inversa, el de su extrema movilidad, de una flexibilidad o una plasticidad que hace que no solo eluda todo significado unívoco, sino que se haga inasible». ¿Cómo describir mejor el número de prestidigitación del agresor? *Gaslighting* es el concepto que se les escapa a los analistas políticos cuando tratan de identificar la naturaleza, más que equívoca, *escurridiza* de su lógica. La línea que va del desvanecimiento a la negación es fácil de cruzar. La duda que tortura a Paula amenaza la salud mental de los ciudadanos (¿nos estaremos volviendo locos?), mientras que un discurso contrario a la racionalidad argumentativa se impone en nombre de la racionalidad económica. ¿Por qué aceptar el argumento del «realismo» económico cuando se niega la *realidad*: la desigual distribución de la riqueza, la violencia de la represión contra la protesta democrática? Esta es una de las cuestiones que pone de relieve el *gaslighting*. Cuando la disonancia entre discurso y realidad se hace patente, la mejor táctica consiste en invertir la responsabilidad y pervertir la lógica. Lo vimos durante la grave crisis política ocasionada por la reforma de las pensiones en Francia en 2023. Mientras que la *benevolencia* está en el corazón del programa de Emmanuel Macron, la aplicación *brutal* de una reforma percibida por la mayoría como injusta se ha expresado, en la práctica, por la negación del diálogo parlamentario (uso masivo del artículo 49.3 para forzar la aprobación de la ley) y la represión policial. El 17 de abril de 2023, a una oyente del programa *7/9.30*,

de France Inter, que preguntaba: «¿Condena la violencia policial?», Yaël Braun-Pivet, presidenta de la Asamblea Nacional, le respondía: «Hemos fracasado en nuestro poder de convicción porque no hemos obtenido el apoyo popular. En cuanto a las manifestaciones, la policía está precisamente para proteger la libertad de manifestación. Y esta libertad de manifestación, que todos apreciamos tanto, está siendo obstaculizada por determinados individuos que forman lo que se conoce como *black blocks* y que vienen a destrozar cosas, a golpear a la policía y a romper escaparates, tiendas, etc., y a introducir la violencia entre los manifestantes. Y por eso la policía está ahí para canalizar esta violencia, para permitir que el derecho de manifestación se exprese plenamente. Cuando existe la sospecha de que algo no se ajusta a las normas de uso, es absolutamente necesario presentar una denuncia de forma sistemática, y se llevan a cabo investigaciones, de modo que, si alguien presencia personalmente algo que cree que no se ajusta a las normas, tiene que presentar una denuncia, pero en ningún caso la policía se conformará con ello... *Reprimo* el término "violencia policial". La policía está ahí ante todo para proteger la libertad de manifestación que debe expresarse libremente en nuestro país». Analicemos el razonamiento del cuarto poder del Estado: *al mismo tiempo*, afirma que la violencia policial no existe, y que la policía se ha visto obligada a ser violenta «para canalizar» la «violencia» de «determinados individuos que vienen a romper cosas, a golpear a la policía». ¿Cómo hacer desaparecer la violencia policial cuando está creciendo y eso es un hecho? Pues mediante un truco de prestidigitación. La presidenta de la Asamblea Nacional sustituyó la respuesta que esperaba la oyente por una *definición de* la *misión ideal* de la policía, en respuesta a una pregunta claramente formulada. Esta misión abstracta prescinde de la peligrosa palabra *represión*, que evoca actos de violencia, y la sustituye por una lista de valores humanistas, republicanos y universales, a los que la fórmula «expresarse plenamente» añade un toque incongruente de desarrollo personal. Sin embargo, la represión sigue fresca en la mente de todos (y en el cuerpo de muchos manifestantes). Así que la palabra que se ha desvanecido reaparece en forma de lapsus («*reprimo* el término "violencia policial"»). Macronistas, esforzaos más si queréis hacer luz de gas a los franceses.

13. Walter Benjamin, *Pour une critique de la violence*, trad. de Antonin Wiser, París, Éditions Allia, 2022, pág. 31. [Edición en español:

Para una crítica de la violencia, trad. de Héctor A. Murena, Leviatán, Buenos Aires, 1995.]

14. *Ibid.*

14. *Ultimi barbarorum*

1. Barbara Cassin, *L'Effet sophistique*, o. cit., pág. 73.

2. *Ibid.*

3. El artículo 9 de la ley francesa n.º 90-615 de 13 de julio de 1990, conocida como *ley Gayssot*, tipifica como delito negar la existencia de crímenes contra la humanidad, tal y como se definen en el Estatuto del Tribunal Militar Internacional de Núremberg.

4. Jean-François Lyotard, *Le Différend*, París, Les Éditions de Minuit, 1983, pág. 22. [Edición en español: *La diferencia*, trad. de Alberto L. Bixio, Barcelona, Gedisa, 1988.]

5. *Ibid.*, pág. 23.

6. *Ibid.*

7. *Ibid.*

8. *Ibid.*

9. *Ibid.*, pág. 24.

10. Subtítulo de la edición definitiva, revisada y ampliada en 2005 (publicada por Éditions de La Découverte), de *Assassins de la mémoire* de Pierre Vidal-Naquet, publicada originalmente en 1981 por Éditions Maspero. [Edición en español: *Los asesinos de la memoria*, trad. de Germán Montalvo, Siglo XXI Editores, 1994.]

11. Jean-François Lyotard, *Le Différend*, o. cit., pág. 26.

12. *Ibid.*, pág. 30.

13. *Ibid.*, pág. 31.

14. *Ibid.*, pág. 57.

15. Desde el 22 de octubre de 2022, Giorgia Meloni preside el Consejo de Ministros del sexagésimo octavo Gobierno de la República Italiana.

16. Circular enviada el 28 de octubre de 2022 por el secretario general, Carlo Deodato.

17. Fratelli d'Italia (Hermanos de Italia) es un partido político italiano de extrema derecha fundado en 2012 por Ignazio La Russa (hermano de Romano La Russa), Guido Crosetto y Giorgia Meloni.

18. Alberto Stabilini.

19. Giorgio Almirante (1914-1988) comenzó su carrera en 1932 como periodista en *Tevere*, una publicación antisemita. En 1938 firmó el *Manifesto della razza* («Manifiesto sobre la raza»), que enumeraba las medidas administrativas y legislativas racistas aplicadas entre 1938 y 1945. Hasta 1942 fue secretario de redacción de la revista *La Difesa della Razza* («La defensa de la raza»), que promovía las ideas racistas y antisemitas nazis. En 1944, fue nombrado jefe del gabinete del ministro de Cultura de la República Social Italiana, fundada por Mussolini para continuar la guerra junto a los alemanes. En 1946 fundó el Movimiento Social Italiano (MSI), destinado explícitamente a perpetuar el fascismo.

20. En Italia, el gesto está prohibido por la ley 645 de 20 de junio de 1952 (ley Scelba), modificada posteriormente por la ley 205 de 25 de junio de 1993 (ley Mancino), cuando el saludo se realiza con la intención de «llevar a cabo manifestaciones externas de carácter fascista». En este caso, el infractor puede ser condenado a una pena de prisión de entre seis meses y dos años y a una multa de entre doscientos y quinientos euros. Según la jurisprudencia del Tribunal de Casación, el gesto está prohibido si representa una incitación a la violencia o constituye un peligro de reorganización del partido fascista.

21. Ninguna fuente antigua atestigua la existencia de este tipo de saludo. Quintiliano llegó a escribir en su *Institución de la oratoria* que «los expertos no permiten estirar la mano por encima del nivel de los ojos ni por debajo del nivel del vientre». Fue Gabriele D'Annunzio quien introdujo en 1919 este saludo, que luego retomó Mussolini (el Imperio romano era uno de los mitos fundadores de su doctrina) y posteriormente Hitler.

22. Olivier Mannoni, *Traduire Hitler*, París, Éditions Héloïse d'Ormesson, 2022, pág. 75.

23. *Ibid.*, pág. 74.

24. *Ibid.*

25. *Ibid.*, pág. 118.

26. *Ibid.*, pág. 119.

27. *Ibid.*

28. *Ibid.*, págs. 119-120.

29. Esta expresión remite al gesto heroico de Spinoza, que, escandalizado por el asesinato de los hermanos Johan y Cornelis de Witt el 20 de agosto de 1672, fomentado por el partido de Orange contra los re-

presentantes del partido republicano, decidió colocar un cartel en las paredes de La Haya con estas dos palabras: *Ultimi barbarorum*, que podría traducirse como «Los bárbaros más bárbaros».

30. Olivier Mannoni, *Traduire Hitler*, o. cit., pág. 120.

31. Hannah Arendt, *Responsabilité et jugement*, trad. de Jean-Luc Fidel, Éditions Payot & Rivages, París, 2005, pág. 87. [Edición en español: *Responsabilidad y juicio*, trad. de Miguel Candell, Barcelona, Paidós, 2007.]

32. Victor Klemperer, *LTI. La langue du IIIe Reich*, trad. de Élisabeth Guillot, Albin Michel, París, 1996, pág. 34. [Edición en español: *LTI. La lengua del Tercer Reich*, trad. de Adan Kovaksics, Barcelona, Minúscula, 2001.]

33. *Ibid.*, págs. 34-35.

34. Charlotte Beradt, *Rêver sous le IIIè Reich*, trad. de Pierre Saint-Germain, París, Éditions Payot & Rivages, 2002. [Edición en español: *El Tercer Reich de los sueños*, trad. de Leandro Levi, Logroño, Pepitas de Calabaza, 2021.]

35. George Orwell, *1984*, trad. de Josée Kamoun, París, Gallimard, 2018, págs. 40-41. [Edición en español: *1984*, trad. de Miguel Temprano, Barcelona, Debolsillo, 2013.]

Acto 3. Creer a Casandra

1. Christa Wolf, *Cassandre*, trad. de A. Lance y R. Lance-Otterbein, París, Éditions Stock, 2003, pág. 41. [Edición en español: *Casandra*, Barcelona, Círculo de Lectores, 1987].

15. La verdad hecha mujer

1. Esquilo, *L'Orestie, Agamemnon*, o. cit., págs. 77-79.

2. Henri Institoris y Jacques Sprenger, *Le Marteau des sorcières ou Malleus Maleficarum*, París, Éditions Jérôme Millon. El texto data de 1486.

3. Nicole Loraux, *Les Mères en deuil*, París, Éditions du Seuil, 1990, pág. 22. (También quisiera remitir a *La Voix endeuillée. Essai sur la tragédie grecque*, París, Gallimard, 2001.)

4. *Ibid.*, pág. 67.

5. Casandra era venerada como diosa Alexandra, nombre que significa «la que rechaza a los hombres», y también designa a una amazona. ¿Dos razones de escapar a la violación? Casandra se representa a veces como una mujer viril, enemiga de los hombres, que blande un hacha (para matar a Paris y destruir el caballo de Troya).

6. Esquilo, *L'Orestie, Agamemnon*, o. cit., pág. 83.

7. *Ibid.*

8. *Ibid.*, pág. 81.

9. *Ibid.*

10. *Ibid.*, pág. 82.

11. *Ibid.*, pág. 78.

12. Anne Carson, *Cassandra Float Can, in Float*, Nueva York, Knopf, 2016: «Después de lanzar su grito, Casandra pronuncia el nombre de Apolo seis veces y luego una séptima, pero la séptima vez, al cambiar ligeramente el acento del nombre, revela su etimología. El nombre de Apolo está emparentado con el verbo griego *apollesthai*, 'destruir enteramente, matar, masacrar, demoler, devastar'. Al gritar "*Apollon emos*", Casandra puede estar designando al dios como "mi Apolo" y como "mi destructor", al mismo tiempo, con las mismas palabras».

13. Esquilo, *L'Orestie, Agamemnon*, o. cit., pág. 81.

14. *Ibid.*, pág. 85.

15. Existe una versión ligeramente diferente. Según el historiador Antíclides, Casandra y su gemelo Helenos jugaban en el santuario de Apolo Timbreo cuando las serpientes sagradas purificaron con su lengua los órganos de sus sentidos, otorgándole el don de la adivinación.

16. Homero, L'Iliade, canto 13, 378, trad. de Philippe Brunet, París, Éditions du Seuil, 2010, pág. 363. [Edición en español: *Ilíada*, trad. de Emilio Crespo, Madrid, Gredos, 2019.]

17. Esquilo, *L'Orestie, Agamemnon*, o. cit., pág. 86.

18. *Ibid.*

19. *Ibid.*, pág. 87.

20. Pascale Hummel, «Le sens imparti», en Lycophron, *Cassandre*, trad. de P. Hummel, Éditions Comp'Act, 2006.

21. *Ibid.*, pág. 184. La cursiva es mía.

22. Esquilo, *L'Orestie, Agamemnon*, o. cit., pág. 74.

23. *Ibid.*

24. Pascale Hummel, «Le sens imparti», art. cit., pág. 215.

25. *Ibid.*

26. Marcel Détienne, *Les Maîtres de vérité dans la Grèce archaïque*, París, Librairie Générale Française, 2006, págs. 127-128. (Las palabras entre corchetes son mías.)

27. Rebecca Solnit, *Ces hommes qui m'expliquent la vie*, o. cit., pág. 120.

28. Véase mi documental en *France Culture*, *Hedy Lamarr (1914-2000). La dame sans passeport d'Hollywood.*

29. *Scream*, la franquicia de terror estadounidense creada por el guionista Kevin Williamson y el director Wes Craven cuenta con seis películas: *Scream, vigila quién llama* (1996), *Scream 2* (1997), *Scream 3* (2000) y *Scream 4* (2011), dirigidas por Wes Craven, y después *Scream* (2022) y *Scream VI* (2023), dirigidas por Matt Bettinelli-Olpin y Tyler Gillett.

30. Esquilo*, L'Orestie, Agamemnon*, o. cit., pág. 78.

31. El *Aria de Cassandra* fue compuesta especialmente por Danny Elfman para esta escena.

32. Neve Campbell.

33. Martha Elizabeth Beall Mitchell, 1918-1976.

34. La entrevista de David Frost a Nixon en 1977 se encuentra en el documental *The Martha Mitchell Effect* de Anne Alvergue y Debra McClutchy, producido por Netflix en 2022.

35. *Gaslit*, miniserie estadounidense de ocho capítulos creada por Robbie Pickering en 2022. John Mitchell está interpretado por Sean Penn.

36. *Erin Brockovich*, dirigida por Steven Soderbergh, 2000.

37. Hannah Arendt señaló que la etiqueta de *excéntrico* sirve para dejar sin credibilidad la desobediencia de un individuo aislado (*Du mensonge à la violence*, o. cit., págs. 57-58).

38. Lo explica en un documento, *The Martha Mitchell Effect.*

39. Helen Thomas (1920-2013), famosa reportera y periodista estadounidense, trabajó durante cincuenta y siete años como corresponsal en la Casa Blanca y luego como jefa de la oficina de United Press International. Cubrió la presidencia estadounidense desde John F. Kennedy hasta Barack Obama. Escribió sobre el asunto Martha Mitchell en su libro *Front Row at The White House My Life and Times*, Scribner, 2000.

40. La historia completa puede encontrarse en la biografía de Winzola McLendon, *Martha: The Life of Martha Mitchell*, Ballantine Books, 1980.

41. «Pero el mercado de los profetas ha echado el cierre» (*An Oresteia, Agamenón by Aiskhylos*, trad. de Anne Carson, Nueva York, Faber & Faber).

42. El 1 enero de 1975, John Mitchell fue declarado culpable de perjurio, obstrucción a la justicia y conspiración por su implicación en el allanamiento del Watergate; cumplió diecinueve meses en una prisión federal.

43. *The New York Times*, 19 de febrero de 1975, pág. 18.

44. Simon & Schuster, 2022.

16. Vive locamente y ¡cállate!

1. 1924-2009.

2. Hannah Arendt, *Du mensonge à la violence*, o. cit., pág. 11.

3. Anne Carson, «The Gender of Sound», art. cit., pág. 135.

4. Hacia 460-377 a. C.

5. La serie paralela de diez principios opuestos se cita en *Metafísica* 986*a* 8 (trad. de Tomás Calvo): «límite, ilimitado; par, impar; unidad, pluralidad; derecho, izquierdo; macho, hembra; en reposo, en movimiento; recto, curvo; luz, oscuridad; bueno, malo; cuadrado, rectángulo».

6. Lo seco es lo «fácilmente delimitable por su propio límite, pero que difícilmente adopta uno impuesto [...]. Así, la capacidad de colmar es propia de lo húmedo, debido a que no está determinado, es fácilmente determinable y sigue la forma de aquello con lo que entra en contacto». *Acerca de la generación y la corrupción*, trad. de Ernesto L. Croce, 329*b* 30-35 (Madrid, Gredos, 2016).

7. Ramatoulaye Diagne, «Philosophie et représentation de la femme : la longévité du modèle aristotélicien», en Fatou Sow (dir.), *La Recherche féministe francophone. Langue, identités et enjeux*, París, Karthala, 2009, págs. 101-107.

8. Anne Carson, «Dirt and Desire: Essay on the Phenomenology of Female Pollution in Antiquity», en *Men in the Off Hours*, 2001. [Edición en español: «Suciedad y deseo: ensayo sobre la fenomenología de

la polución femenina en la Antigüedad», en *Hombres en sus horas libres*, Barcelona, Pre-textos, 2020.]

9. «Les fantômes de l'hystérie. Histoire d'une parole confisquée», Episode 1/4 : «La matrice du mal», documental de Pauline Chanu, dirigido por Annabelle Brouard, France Culture, *LSD*, 13 de marzo de 2023. Elsa Dorlin, *La Matrice de la race. Généalogie sexuelle et coloniale de la nation française*, París, Éditions de La Découverte, 2006.

10. La dibujante francesa Claire Brétécher, con su ironía habitual, cerró el debate con las palabras de su heroína Agrippine, que «prend vapeur». [*N. de la t.*: En lugar de expulsar el aire débilmente, como en un vahído, lo aspira haciendo subir la presión].

11. Elsa Dorlin, en «Les fantômes de l'hystérie. Histoire d'une parole confisquée», o. cit. La cursiva es mía.

12. Alix, en *ibid.*

13. La epilepsia es una enfermedad neurológica no transmisible que puede afectar a personas de cualquier edad. En el mundo la sufren cincuenta millones de personas, lo que la convierte en una de las enfermedades neurológicas más frecuentes. Según las estimaciones, el 70 % de las personas epilépticas podrían no tener crisis si se les hubiera diagnosticado y tratado correctamente la enfermedad. El riesgo de muerte prematura en personas con epilepsia es casi tres veces mayor que en la población general (Organización Mundial de la Salud, 8 de junio de 2022).

14. Sigmund Freud, carta a Fliess, 21 de septiembre de 1897, en *The Complete Letters of Sigmund Freud to Wilhelm Fliess, 1887-1904*, ed. J. Masson, trad. de Christophe Gauld, Londres, Harvard University Press, 1985. [Edición en español: *Obra completa, tomo I*, trad. de José Luis Etcheverry, Buenos Aires, 1978. No todas las cartas citadas en el texto están entre las seleccionadas para esta edición.]

15. *Ibid.*, cartas a Fliess de 8 y 11 de febrero de 1897.

16. *Ibid.*, carta a Fliess de 21 de septiembre de 1897.

17. *Loulou* (*Die Büchse der Pandora*) de Georg Wilhelm Pabst, 1929.

18. Theda Bara, cuyo verdadero nombre era Theodosia Burr Goodman, 1885-1955, interpretó su primer papel en 1914 en *The Stain*. En 1915 interpretó el papel protagonista de la mujer vampiro en *A Fool There Was*. Los beneficios fueron tan importantes que permitieron a William Fox, el director, fundar la Fox Film Corporation. Los éxitos

posteriores consolidaron la fama de su estudio. Rodó para la Fox seis películas en 1915 y ocho en 1916, todas ellas muy rentables. El año 1917 fue el de su mayor éxito, *Cleopatra*. En 1919, tras siete películas, cansada de su papel de vampiresa, no renovó su contrato. No volvió a tener éxito. En 1921 se casó con el director Charles Brabin, que no le permitió volver a actuar.

19. La película *Yentl*, protagonizada, coescrita, coproducida y dirigida por Barbra Streisand, se estrenó en 1983. El cuento *Yentl, The Yeshiva Boy* de Isaac Bashevis Singer se publicó en 1962.

20. Bernadine Healy, M. D., «The Yentl Syndrome», *The New England Journal of Medicine*, 25 de julio de 1991. (En realidad, el cuento de Singer está ambientado en 1904.)

21. Parálisis del brazo izquierdo, dolor en el pecho.

22. Dolor difuso, dificultad para respirar y náuseas.

23. Además, antes de comercializar un tratamiento farmacéutico, se realizan ensayos clínicos en laboratorio con ratas o ratones, el 80 % de los cuales son machos. A continuación, el tratamiento se administra a personas que son hombres en un 75 %. Los laboratorios lo achacan a las dificultades asociadas a los ciclos hormonales y al riesgo de embarazo para las mujeres. Esta prevalencia de lo masculino en los ensayos clínicos también existe cuando se trata de estudiar patologías femeninas.

24. 1860-1935.

25. Charlotte Perkins Gilman, *Le papier peint jaune*, trad. colectiva, París, Éditions des Femmes-Antoinette Fouque, 1976, pág. 7. En 1915, esta escritora feminista publicó *Herland*, una utopía ambientada hace dos mil años en una nación formada exclusivamente por mujeres.

26. *Ibid.*, pág. 10.

27. *Ibid.*, pág. 11.

28. *Ibid.*, pág. 12.

29. *Ibid.*, pág. 30.

30. *Ibid.*, pág. 16.

31. *Ibid.*, pág. 31.

32. *Ibid.*, pág. 15.

33. *Ibid.*, pág. 15.

34. *Ibid.*, pág. 35.

35. *Ibid.*, pág. 17.

36. La novela se basa en la propia experiencia de la autora.
37. Charlotte Perkins Gilman, *Le papier peint jaune*, o. cit., págs. 8-9.
38. *Ibid.*, pág. 18.
39. *Ibid.*, pág. 14.
40. *Ibid.*, pág. 21.
41. *Ibid.*, págs. 25-26.
42. *Ibid.*, pág. 19.
43. *Ibid.*, pág. 13.
44. *Ibid.*
45. *Ibid.*, pág. 41.
46. *Ibid.*, pág. 35.
47. *Ibid.*, págs. 48-49.

17. La mujer invisible

1. Rebecca Solnit, *Souvenirs de mon inexistence*, trad. de Céline Leroy, Éditions de l'Olivier, 2022, págs. 73-74. [Edición en español: *Recuerdos de mi inexistencia*, trad. de Antonia Martín, Barcelona, Lumen, 2021.]
2. *Ibid.*, pág. 74.
3. *Ibid.*, pág. 75.
4. *Ibid.*, pág. 103.
5. *Ibid.*, págs. 67-68.
6. *Ibid.*, págs. 76-77.
7. Estela Barnes de Carlotto, presidenta de las Abuelas de Plaza de Mayo, «Les folles de la Place de Mai», *Mémoires* 2016/2, n.º 67, trad. de Joséphine Vuillard, pág. 23.
8. *Ibid.*
9. Creado por iniciativa de Marguerite Stern, presente desde finales de agosto de 2019 en Marsella y París, este movimiento se expandió desde principios de septiembre de 2019 a Lyon, luego al resto de Francia e incluso más allá de sus fronteras.
10. Rebecca Solnit, *Souvenirs de mon inexistence*, o. cit., págs. 254-255.
11. Rebecca Solnit, *Ces hommes qui m'expliquent la vie*, trad. de Céline Leroy, Éditions de l'Olivier, 2018, pág. 15. [Edición en español:

Los hombres me explican cosas, trad. de Paula Martín, Madrid, Capitán Swing, 2018.]

12. Irène Théry, *Philosophie Magazine*, 18 de febrero de 2021, entrevista de Octave Larmagnac-Matheron. Prosigue: «No cuestiono en absoluto la presunción de inocencia, que es un inmenso logro del derecho democrático. Sin embargo, en estos delitos en los que no hay testigos, se utiliza mucho de forma machista y se abusa de ella como un cheque en blanco que se da a los agresores, lo que alimenta la mentalidad del "ojos que no ven...". Es como si el simple hecho de denunciar sin poder demostrarlo marcara con la sospecha a las denunciantes y las convirtiera en personas que no respetan la ley». Irène Théry, *Moi aussi*, París, Éditions du Seuil, serie «Traverse», 2022.

13. *Ibid.*

14. Rebecca Solnit, *Souvenirs de mon inexistence*, o. cit., pág. 93.

18. Estoy loca y cállate

1. «Compréhension et politique», en *La Philosophie de l'existence et autres essais*, trad. de Michelle-Irène Brudny, París, Petite Bibliothèque Payot, 2015. En una entrevista entre Hannah Arendt y Günter Gaus (el vídeo se puede encontrar en YouTube), Arendt habla de la polémica que siguió a la publicación de *Eichmann en Jerusalén* y sobre su tono irónico que pudo resultar chocante: «*Da kann man nix machen*, qué quiere que yo le haga [...]. El tono es predominantemente irónico, desde luego. Esto es algo absolutamente cierto. En este caso, el tono expresa realmente a la persona».

2. Stanley Cavell, *La protestation des larmes*, o. cit., págs. 96-97.

3. Los guionistas de la película de Cukor fueron John van Druten, Walter Reisch y John L. Balderston, basándose en la obra *Angel Street* de Patrick Hamilton.

4. Esta teoría de la reapropiación del insulto es identificada por Louis Gruel en un artículo publicado en la *Revue Française de Sociologie*, en 1985. En Estados Unidos, se usa para referirse a la forma en que una comunidad segregada convierte el insulto en orgullo, como podemos ver con el uso de la palabra *queer* y la reapropiación irónica por parte de la comunidad LGBT+ de lo que originalmente era un insulto homófobo.

19. El enemigo interior

1. Sófocles, *Antigone*, trad. de Florence Dupont, París, L'Arche, 2007, pág. 7. La obra data de 441 a. C. [Edición en español: *Tragedias*, trad. de Assela Alamillo, Madrid, Gredos, 2021.]
2. *Ibid.*
3. *Ibid.*
4. *Ibid.*
5. *Ibid.*
6. *Ibid.*, pág. 8.
7. *Ibid.*
8. *Ibid.*
9. *Ibid.*, pág. 46.
10. *Ibid.*, pág. 27.
11. *Ibid.*, pág. 46.
12. *Ibid.*, pág. 35.
13. *Ibid.*, pág. 34.
14. Anne Carson, *Antigonick* (basada en *Antígona* de Sófocles), trad. de Édouard Louis, París, L'Arche, 2019, pág. 26. En su adaptación, Carson se propone (explica dirigiéndose directamente a Antígona) «impedir que puedas perder tus gritos» (pág. 10).
15. Sófocles, *Antigone*, o. cit., pág. 35.
16. *Ibid.*
17. *Ibid.*, pág. 34.
18. *Ibid.*, pág. 31.
19. *Ibid.*
20. *Ibid.*
21. *Ibid.*, pág. 39.
22. *Ibid.*, pág. 9.
23. *Ibid.*, págs. 9-11.
24. G. W. F. Hegel, *Phénoménologie de l'esprit*, ed. 1807, VI, L'Esprit, trad. de Jean-Pierre Lefebvre, París, Aubier, 1991, págs. 299-325. [Edición en español: *Fenomenología del espíritu*, trad. de Antonio Gómez Ramos, Madrid, Abada, 2010.]
25. *Ibid.*, pág. 323.
26. Sófocles, *Antigone*, o. cit., pág. 32.
27. *Ibid.*

28. *Ibid.*, pág. 33.

29. Jean-Baptiste Vuillerod, «Hegel féministe?», <laviedesidees.fr>, 7 de febrero de 2017.

30. G. W. F. Hegel, *Phénoménologie de l'esprit*, o. cit., pág. 323.

31. *Ibid.*

32. Jean-Baptiste Vuillerod, «Hegel féministe?», art. cit.

33. La ironía queda subrayada por las brillantes traducciones de Florence Dupont y Anne Carson [*N. de la t.*: La autora se refiere a la traducción del texto de Sófocles de Florence Dupont al francés y de Anne Carson al inglés y posteriormente al francés. Hemos intentado mantener todos estos matices al verterlos al español.]

34. Sófocles, *Antigone*, o. cit., pág. 29.

35. Anne Carson, *Antigonick*, o. cit., pág. 27.

36. Sófocles, *Antigone*, o. cit., pág. 35.

37. *Ibid.*, pág. 60.

38. *Ibid.*, pág. 33.

39. Otro ejemplo reciente de *gaslighting* basado en la proyección es la invasión de Ucrania por Vladímir Putin, que trata de «nazi» al pueblo contra el que él mismo ha emprendido una guerra bárbara. Es el tirano que atribuye a su enemigo el crimen del que él mismo es culpable y le hace luz de gas proyectando su agresión sobre su víctima. No es casual que Antígona inspirara a la resistencia ucraniana. Las Hijas de Dakh, grupo teatral y musical formado en 2012 en Kiev (Ucrania), participaron en 2015 en la creación de *Antígona* en Ucrania (basada en Sófocles y Brecht, dirigida por Lucie Berelowitsch), espectáculo que volvieron a representar en 2023 en el Théâtre de la Croix-Rousse de Lyon. El programa de mano dice, en enero de 2023: «*Antígona* se creó en 2015 en Kiev con un equipo franco-ucraniano. El estreno tuvo lugar poco después de la "Revolución de la Dignidad" de Maidán. Analizamos el mito a través de la realidad ucraniana, de la guerra ruso-ucraniana en el Donbás. Ahora todo el equipo de *Antígona* ha decidido presentar de nuevo el espectáculo. El mundo en el que creamos esa obra ha cambiado en estos siete últimos años. En febrero de 2022 tuvo lugar la invasión rusa de Ucrania. Ahora presentaremos la obra únicamente en ucraniano y en francés. Ahora resuenan con fuerza las preguntas: "¿Qué es un hombre? ¿Cómo se puede mantener la humanidad en condiciones inhumanas?"».

40. «Revisiting Anne Carson's *Antigonick*», *Harvard Review Online*, 21 de noviembre de 2019. <https://www.harvardreview.org/content/revisiting-anne-carsons-antigonick/>.
41. *Ibid.*
42. Sófocles, *Antigone*, o. cit., pág. 59.
43. *Ibid.*
44. *Ibid.*, pág. 58.
45. Anne Carson, *Antigonick*, o. cit., pág. 41.
46. Florence Dupont, «La musique tragique», epílogo a la *Antígona* de Sófocles, o. cit., pág. 91.
47. Sófocles, *Antigone*, o. cit., pág. 38.
48. *Ibid.*, pág. 40.
49. *Ibid.*, pág. 44.
50. *Ibid.*, pág. 55.
51. *Ibid.*
52. También es la palabra que elige Humpty Dumpty para darle varios significados (contradictorios) y burlarse de Alicia.
53. Sófocles, *Antigone*, o. cit., pág. 54.
54. *Ibid.*, pág. 46.

20. Caballo de Troya

1. Sobre lo *camp*, los remito a Susan Sontag, *Le Style Camp*, trad. de Guy Durand, París, Christian Bourgois Éditeur, 2022. [Edición en español: *Contra la interpretación*, trad. de Horacio Vázquez Rial, Madrid, Alfaguara, 1996.]
2. Hélène Cixous, *Le Rire de la Méduse et autres ironies*, París, Éditions Galilée, 2010, pág. 110.
3. Sigmund Freud, «La disparition du complexe d'Œdipe», en *La Vie sexuelle*, trad. de D. Berger, J. Laplanche *et al.*, París, PUF, 1992, pág. 121: «En palabras de Napoleón: la anatomía es el destino». Todo un programa. [Edición en español: «El sepultamiento del complejo de Edipo» (*Obras completas*, tomo XIX), trad. de José Luis Etcheverry, Buenos Aires, Amorrortu Editores, 1993.]
4. *Serial Mom*, 1994.
5. Kathleen Turner.

6. Hélène Cixous, *Le Rire de la Méduse et autres ironies*, o. cit., pág. 39.

7. *Ibid.*, págs. 43-44.

8. Angela Carter, *La Compagnie des loups*, trad. de Jacqueline Huet, París, Éditions du Seuil, col. «Points», 1997, págs. 55-56. [Edición en español: *La cámara sangrienta*, trad. de Matilde Horne, Barcelona, Sexto Piso, 2017.]

9. Samuel Taylor Coleridge, *Biographia Literaria*, 1817.